# ふさわしい日本語

500
Phrase

# はじめに

人間は「喜怒哀楽」があります。だれでも間違った言い方や行動をして他人に迷惑をかけることがあります。しかし、迷惑をかけたら、素直に謝れば良いのです。もちろん、相手に迷惑をかけないことは人として大切なことです。しかし、生きている以上、人に迷惑をかけたり、かけられたりは日常茶飯事あります。

基本的な挨拶を大切にしていき、形だけの言葉よりも「心のまま」気持ちを伝えることが大切です。しかし、学生や大人になり、社会人として仕事をするようになると、どうしても素直な「心」の前に「形」＝マニュアル、ルールなどに頼るようになっていきます。

本書は、そのようなマニュアルやルールのビジネス上の「正しい日本語」ではなく、いつでもどこでもだれにでも、心が伝わり、ＴＰＯに合った臨機応変の会話ができる「ふさわしい日本語」に重きを置いた肩の凝らない自然体ワードの書籍になっています。

スマートフォンやネット疲れの社会人、高校生・大学生、主婦や外国人にいたるまで老若男女が「日本語の基本のき」を見直し、「ありのまま、喜怒哀楽の気持ちを伝える」コミュニケーションを通じて、あなたの心がより豊かになってくだされば幸いです。

大学講師／会話コンシェルジュ
唐沢明

# ふさわしい日本語

朝起きてから夜寝るまで

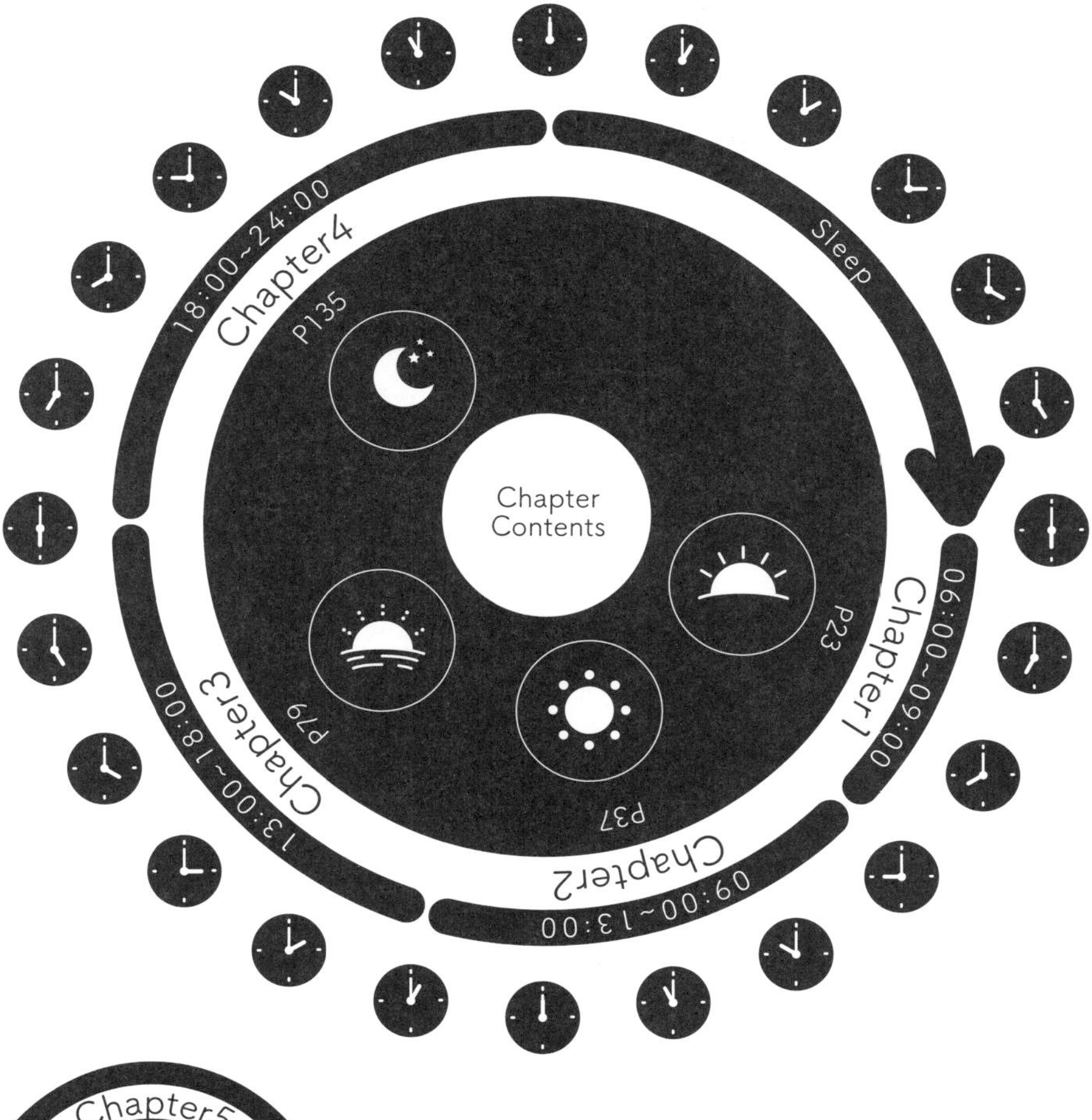

ふさわしい日本語 500 Phrase

# 目次


はじめに …… 2
フレーズインデックス …… 6

チャプター1 6:00～9:00 …… 23
朝の挨拶 …… 24
帰宅／帰社時間を聞く …… 25
食事の有無を聞く 応 …… 26
送り出すとき 応 …… 28
天気の話 応 …… 30
近所の人と声をかけあう …… 32
迷惑なゴミ出しに対して …… 33
人混みを分け入るとき …… 34
割り込みに対して …… 35
大和言葉 ①名詞編 …… 36


※応は右ページの応用編です。


チャプター2 9:00～13:00 …… 37
遅刻するとき 応 …… 38
休むとき …… 40
遅刻／休みの人に対して …… 41
返事をする …… 42
聞き直す …… 43
相槌を打つ …… 44
同意する …… 45
了承するとき …… 46
―― 使ってみよう、賢語フレーズ …… 47
電話を受ける …… 48
電話をかける …… 49
伝言をする …… 50
伝言を受ける …… 51
日程の約束をしたいとき …… 52
日程を確認する …… 53
名前を聞く …… 54

相手の仕事を尋ねる …… 55
自己紹介する 応 …… 56
ご機嫌伺い …… 58
―「ごきげんよう」 …… 59
久しぶりに会う相手に …… 60
―「ご無沙汰」と「お久しぶり」 …… 61
具合悪い人に声をかける …… 62
道を尋ねる …… 63
相手の体調を気遣う …… 64
―使ってみよう、賢語フレーズ …… 65
お祝い 応 …… 66
災害などのお見舞い …… 68
引っ越しの挨拶 …… 69
感謝を伝える …… 70
―使ってみよう、賢語フレーズ …… 71
お礼を言われたとき 応 …… 72
なぐさめる …… 74
―使ってみよう、賢語フレーズ …… 75
いただくとき …… 76
―使ってみよう、賢語フレーズ …… 77
大和言葉②形容詞／副詞／動詞／その他のフレーズ編 …… 78

**チャプター3　13:00～18:00** …… 79
昼の挨拶 …… 80
心地よさを聞く …… 81
エアコンをつけてほしいとき …… 82
―使ってみよう、賢語フレーズ …… 83
お茶がほしいとき 応 …… 84
感心したとき 応 …… 86
子どものかわいらしさをほめる …… 88
似合っていることをほめる …… 89
ほめられたときの対応 応 …… 90
―使ってみよう、賢語フレーズ …… 91
お稽古事の先生にご挨拶 …… 92
―「さまざま存在するDEEPな敬称」 …… 93
お稽古が終わったとき …… 94
―「丁寧な代名詞集合！」 …… 95
出欠の確認と返事 …… 96
―使わないで！　NGフレーズ …… 97
〇〇に行くのか尋ねる …… 98
ボールペンを借りたいとき …… 99
相手の言動に腹が立ったとき …… 100

ふさわしい日本語 500 Phrase

目次


自分の非を認める……101
相手の失態を注意するとき……102
―使ってみよう、賢語フレーズ……103
アドバイスをするとき……104
援助してほしいとき……105
応援する……106
―使ってみよう、賢語フレーズ……107
お願いしたいとき……108
―使ってみよう、賢語フレーズ……109
確認する……110
催促する……111
断るとき……112
―使ってみよう、賢語フレーズ……113
質問したいときの話し出し……114
控えめな話し出し……115
教えてほしいとき……116
―使ってみよう、賢語フレーズ……117

相談したいとき……118
―使ってみよう、賢語フレーズ……119
謝る……120
―使ってみよう、賢語フレーズ……121
反論する……122
―使ってみよう、賢語フレーズ……123
誘う 応……124
誘われたときのYESの返答……126
―使ってみよう、賢語フレーズ……127
誘われたときのNOの返答……128
―「お断りの3点セット」……129
待ち合わせ場所を決めるとき……130
タクシーで行先を指示するとき……131
見送るとき……132
退社するとき……133
ハラスメントを回避したいとき……134

## チャプター4　18:00〜24:00 …… 135

夜の挨拶 …… 136
何を食べるか相談する …… 137
予約する …… 138
―「スムーズにキャンセルしよう」 …… 139
レストランで注文する …… 140
―「印象を良くするテクニック」 …… 141
料理をほめる …… 142
―「最上級の〜しゅうフレーズ」 …… 143
お酒をすすめる …… 144
―「印象を悪くしないお酒の断り方」 …… 145
お水がほしいとき …… 146
誕生日を祝う …… 147
話題を変えるとき …… 148
飲みすぎをいさめるとき …… 149
先に失礼したいとき …… 150
―「上司や先輩が先に帰るとき」 …… 151
会計をする 応 …… 152
ご馳走になったら …… 154
―「ごちそうしたときの気持ちアンケート」 …… 155
忘れ物がないかの確認 応 …… 156
タクシーに乗ろうと促すとき 応 …… 158
お通夜にて …… 160
―「遺族のフレーズ」 …… 161
お別れの挨拶 応 …… 162
帰宅したとき …… 164

## チャプター5　休日 …… 165

知人宅にお邪魔するとき 応 …… 166
手土産を渡すとき …… 168
―使ってみよう、賢語フレーズ …… 169
お客様に安座をすすめる …… 170
―「足をくずすときの上級会話術」 …… 171
トイレを借りたい …… 172
過日のお礼を言う …… 173
シャッターを押してほしいとき …… 174
無断駐車に対して …… 175

# フレーズインデックス

## あ


相変わらず、お忙しゅうございますね。 143
あいにく不調法なもので。 145
足をお運びください。 83
明日、空いてる？ 124
明日、○○はいかがですか？ 124
明日の夜、時間ありますか？ 124
明日までに納品していただけますよう、切にお願いいたします。 109
明日も仕事がありますので、このあたりで……。 149
明日もよろしくお願いします。 151
熱海に行くの？ 98
熱海に行くんですか？ 98
熱海にいらっしゃるのですか？ 98
あなたが行くなら私も… 125
あの……、すみません。参加できないかもしれません。 97
あの……、相談があります。 119
ありがとう。 90・140
ありがとうございました。 29・94・162・163
ありがとうございます。 70・90・140
ありがとうございます。いただきます。 76
ありがとうございます。心待ちにしております。 127
有体に申しますと、成功しないと思います。 123


## い


いいお天気ですね？ 30
いいお日和ですね。 30
いいですよ。 126
いいよ。 126
いえいえ。 72
いくら○○とはいえ、失礼だと思います。 100
以降、このようなことがございませんよう、ご注意願います。 102
いただきます。 76
いただきものですが、どうぞお召し上がりください。 85
一枚で結構ですので。 174
いつか遊びに行くから。 132
いってらっしゃい。 28
いってらっしゃいませ。 28
一杯いかがですか？ 144


## う


承りました。 46
打てば響くようなご対応、ありがとうございます。 87
うまくいくようお祈りしています。 106

嬉しいです。 90

## え

え？　もう一回言ってもらえる？ 43

## お

おあいそ！ 153
お会いできて光栄です。 91
お会いできてとても嬉しいです。唐沢出版の中村太郎と申します。 57
お足元の悪いなか、お越しいただきありがとうございます。 167
美味しいです。 142
美味しいもの送ってね。 132
美味しかった。 140
美味しゅうございます。 142
お忙しいところ、恐れ入ります。 161
お忙しいと存じますが、どうかご自愛ください。 65
お忙しいなか、お越しいただきありがとうございました。 159
お忙しいなか、失礼いたします。 167
お忙しいなか恐縮ですが、 50
応援していますね。 74
応援してますよ。 106
お会計！ 152
お会計してください。 152
お会計をお願いします。 152
おかげさまで、無事務めさせていただきました。 71
お加減いかがですか？ 64
お貸しいただけますでしょうか。 99
お風邪を召しませんように。 65
お体に悪いですよ。 149
お体はご無事でしょうか？ 68
お体を大切にしてください。 65
お口に合うかどうかわかりませんが、みなさんでお召し上がりください。 168
お汲み取りください。 83
お車が来るまで、こちらで少々お待ちいただけますでしょうか。 159
お車のご用意ができました。こちらへどうぞ。 159
遅ればせながら、〇〇につきましておめでとうございます。 67
お元気ですか？ 58
お心遣い、恐れ入ります。 161
お心にかけていただき、感謝いたします。 71
お言葉ですが、こちらのほうがよろしいかと思います。 123
お言葉に甘えて、ご一緒させていただきます。 127
お言葉に甘えて失礼します。 166
お断りします。 112
お先に失礼します。 133・150

お先に失礼して大丈夫ですか？ 150
お誘いありがとうございます。喜んでお供させていただきます。 126
お寒く／お暑くございませんか？ 81
お騒がせして申し訳ございません。 69
教えていただけますか？ 116
教えてくれる？ 116
お時間がありましたら、 109
お時間に間に合わず、申し訳ございません。 38
お時間よろしいですか？ 114
お邪魔します。 166
お世話になります。 80
お線香をあげてくだされば、主人も喜びます。 161
恐れ入ります。 90
恐れ入りますが、 63・108・114
恐れ入りますが、写真を撮っていただけますか？ 174
お大事に。 41・62
お大事になさってくださいね。 62
お平らになさってください。 171
お尋ねしてもよろしいでしょうか？ 114
お誕生日、おめでとうございます。 147
お誕生日おめでとう！ 147
お知恵を拝借できれば幸いです。 119
お力添えいただけませんか？ 105

お力添えくださいませんでしょうか。 105
お茶ある？ 84
お茶ください。 84
お茶もらえる？ 84
お茶をいただけますか。 84
お茶をどうぞ。 85
お使いだてして申し訳ありませんが、こちらの件につきまして、お伝え願えませんでしょうか？ 50
おつかれさま。 151
おつかれさまでした。 151・162
おつかれさまです。 80
お手洗いをお借りできますでしょうか？ 172
お出かけですか？ 98
お手数ですが、〇〇をお願いできますでしょうか。 108
お手数ですが、この書類にお目通しいただけますでしょうか。 109
お手数ですが、 50・82・108
お手すきの際に、ご覧いただけましたら幸いに存じます。 109
おトイレはどちらですか？ 172
お父さん似で 88
お撮りしましょうか？ 174
お取り成しください。 83
お名残惜しゅうございます。 163

## ふさわしい日本語　フレーズインデックス


| フレーズ | ページ |
|---|---|
| お名前は？ | 54 |
| お名前を教えていただけますか？ | 54 |
| お名前を頂戴できますか？ | 54 |
| お運びください。 | 83 |
| お初にお目にかかります。中村太郎でございます。 | 56 |
| おはよう。 | 24 |
| おはようございます。 | 24・92 |
| おはようございます。いいお天気ですね。 | 32 |
| おはようございます。お元気ですか？ | 32 |
| おはようございます。申し訳ありませんが、頭痛がしまして、少し休んで昼から出社させていただきます。A社の対応は中村さんに別途メールを送ります。よろしくお願いいたします。 | 39 |
| お久しぶりです。お元気でしたか？ | 60 |
| お暇でしたら、 | 109 |
| お冷をいただけますか。 | 146 |
| お冷をください。 | 146 |
| おほめいただき、恐縮です。 | 91 |
| おほめいただきありがとうございます。 | 91 |
| おほめいただくようなことではございません。 | 71 |
| おみ足を楽にしてください。 | 171 |
| お水ください。 | 146 |
| お見舞い申し上げます。 | 68 |
| おめでとう！ | 66 |
| おめでとうございます！ | 66 |
| お目にかかえれて、嬉しゅうございました。 | 143 |
| お持たせですが、ご一緒にいかがですか。 | 85 |
| 思わぬ散財をおかけしました。 | 153 |
| お夕食、ご用意しましょうか？ | 27 |
| 折り入ってお願いしたいことがあります。 | 119 |
| お忘れ物にお気をつけください。 | 156 |
| お忘れ物をなさいませんよう、お気をつけてお降りください。 | 157 |


### か


| フレーズ | ページ |
|---|---|
| 学生生活、謳歌してこいよ。 | 132 |
| 書くものある？ | 99 |
| 陰ながら応援しています。 | 106 |
| 傘をお持ちになりましたか？ | 157 |
| かしこまりました。 | 47 |
| がっかりしないでくださいね。 | 74 |
| 可能なら急いでください。 | 131 |
| 体に気をつけて。 | 29 |
| 彼は目端が利くから安心だね。 | 87 |
| かわいいね～。 | 88 |
| かわいらしいお子さんですね。 | 88 |
| 感心しました。 | 86 |
| 頑張ってください。 | 107 |
| がんばってね。 | 132 |
| がんばれ!! | 106 |

## き


期待しています。 107
気になさらず。 121
着映えがしますね。 89
逆ギレですか？ 101
キャンセルをお願いします。 139
今日からの一年、ますますお健やかに過ごされますように。 147
共感いたします。 45
恐縮です。 90
恐縮ですが、 139
恐縮ですが、お化粧室をお借りしてもよろしいでしょうか？ 172
恐縮ですが、先日の件、いかがでしょうか？ 111
京都は10年ぶりでずいぶん懐かしゅうございました。 143
今日のお茶会は本当に楽しゅうございますね。 143
今日の夕日は、格別赤うございますね。 143
今日は、雨がもう降らないようですね。 157
今日は、ごみの日ではありません。 33
今日は、休むね。 40
今日は○○の件、ありがとうございました。 151
今日は○○の件、申し訳ありませんでした。 151
今日はお夕食召し上がりますか？ 26
今日はご飯いる？ 26
今日は冷え込みますね。 31
気をつけていってらっしゃいませ。 29
気をつけて来てね。 41


## く


くつろいでくださいね。 170


## け


芸能人の市川さんのように、めげない性格です。 57
ケガはないですか？ 68
欠席しますか？ 96
健康に気をつけて、ご活躍ください。 132
現在は、どんなお仕事につかれていますか？ 55


## こ


ご挨拶の印として、 168
ご一報ください。 83
合格後の自分をイメージして楽しみましょう。 107
ご遠慮なさらず、どうぞ膝をくずして、お楽になさってください。 170
ご確認いただければ返信はご無用です。 113
ご機嫌いかがでしょうか？ 58
ごきげんよう。 59
ご教授ください。 117
ごくろうさま。 151
ご結婚、心からお祝い申し上げます。 67
ご好意に甘えて、 127
ご高配を賜り、ありがとうございます。 71

## ふさわしい日本語　フレーズインデックス


ご高覧ください。 83
ここ押してもらえますか？ 174
ここに車停めたら邪魔ですよ。 175
心からお慶び申し上げます。 66
ご査収ください。 83
ご笑納いただければ幸いです。 169
ご相伴いたします。 77
ご心配な点がございましたら、ご連絡ください。 113
ご相談したいことがございまして、お時間を頂戴できますでしょうか。 118
ご足労願えますか。 83
ごちそうさま。 154
ごちそうさまでした。 154
ごちそうさまです。 154
ごちそうになり、ありがとうございました。 154
こちら落とされましたか？ 157
こちら落とされましたよ。 157
こちらこそ、ありがとうございます。 72
こちらでよろしいでしょうか？ 110
こちらでよろしかったでしょうか。 110
こちらの場所は駐車禁止となっております。 175
この〇〇、面白そうだから一緒に行かない？ 125
この上ない幸せでございます。 71
この度は、誠にご愁傷さまでございます。 160
この度は大変申し訳ありませんでした。以降、二度と同じような間違いをしないよう、細心の注意をはらってまいります。 101
この近くの洋食屋でパスタはどうですか？ 137
このドラマ、面白うございますね。 143
この前はどうも。 173
このようなことを申し上げるのは大変心苦しいのですが、 115
ご無沙汰しております。お変わりございませんか？ 60
ご無沙汰しておりますが、いかがお過ごしですか。 61
ご放念いただけますでしょうか。 121
困ったときはお互い様ですよ。 47
困ります。 33
ごめん、今仕事が終わって、これから向かいます。7時半には着くと思うから、先に始めててね。 39
ごめん、遠慮しとく。 112
ごめん、ちょっと遅れる。 38
ごめんください。失礼します。 166
ご面倒をおかけいたしますが、 108
ごめんなさい、飲めないんですよ。 145
ごめんなさい。 120
ごめんね。 120
ご覧ください。 83
これ、伝えといて。 50

これ、どうぞ。 168
これからもご連絡しますね。 132
これでいい？ 110
これでいいですか？ 110
これを選ばれるなんて、お目が高い！ 87
今後はこのようなことがないよう、注意してください。 102
今度のワイン会、参加しない？ 125
こんな美味しいお料理は、初めてです。 142
こんにちは。 80・92・164
こんにちは。中村です。 167
今晩、飲みにいかない？ 125
今晩、ひま？ 124
こんばんは。 136


## さ


最近、ご一緒してませんね～。 125
最後尾はあちらですよ。 35
先に帰りたいんですけど。 150
昨晩は、日本代表の試合、すごかったですね。 31
さくら組の中村太郎の母でございます。今朝、太郎が寝坊しまして、少し遅刻してしまいます。10時までには送っていきますので、よろしくお願いいたします。 39
酒は嗜まないもので。 145
差し支えなければ、こちらをお使いください。 109
さすが！ 86
さすがでいらっしゃいますね！ 86
さすがですね！ 86
さすは、玄人はだしですね。 87
寂しくなるね。 132
寒いでしょうから、お体に気をつけて。 132
寒く／暑くありませんか？ 81
寒く／暑くない？ 81
さようでございますね。 44
さようなら。 163
さようなら。お元気で。 162
参加していただけると嬉しいです。 96
参加していただけると盛り上がります。 96
参加しますか？ 96
参加する？ 96
参加のご予定でよろしいですか？ 96


## し


次回もどうぞよろしくお願いいたします。 94
次回を楽しみにしております。 112
仕事は何をしてるんですか？ 55
質問よろしいですか？ 114
失礼いたしました。 120
失礼いたします。ごきげんよう。 162
失礼します。 94・162
失礼ですが、 54・122

失礼ですが、私は教師をしていますが、どのようなお仕事をなさっていますか？　55
指定された日に、ゴミを出しましょう。　33
渋谷のハチ公！　できるだけ急いで。　131
渋谷のハチ公まで行ってください。　131
渋谷のハチ公までお願いします。　131
じゃあ、帰りますね。　133
写真撮ってくれる？　174
趣味映画鑑賞で、歴史のジャンルが好みです。年間100本の映画を観に行っています。　57
精進してまいりますので、ご指導ご鞭撻のほどお願いいたします。　117
承知いたしました。どうかお大事になさってください。　41
承知しました。　42・46
承知しました。申し伝えます。　51
調べてみたら？　104
印ばかりのものですが、どうかご家族で召し上がってください。　169
人事を尽くして天命を待てば、きっと勝利の女神も味方しますよ。　107
心配ないですよ。　74


## す


すみません、　114
すぐに返しますので。　99
素晴らしいご活動に、頭が下がります。　87
すみません、もう一度お願いします。　43
すみません、〇〇をお願いします。　108
すみません、急いでもらえますか？　111
すみません、遠慮させてください。　112
すみません、お休みします。　40
すみません、遅刻します。　38
すみません。　63・112・120
すみませんが、　140
すみませんが、ここ失礼します。　34
すみませんでした。　101


## せ


生前は、中村さまのご厚誼、誠にありがとうございました。　161
せっかくおいでいただいたのに、留守にして申し訳ありません。　129
せっかく誘っていただいたのですが、あいにく先約があり、お伺いできません。　128
せっかくですが、お断わりさせていただきます。　129
せっかくですので、ありがたく頂戴します。　168
せっかく努力したのに、不合格でした。　129
せっかくの好意を無駄にして　129
せっかく用意したのだから、食べていけばいいのに。　129
ぜひ、よろこんで。　125

僭越ながら、その案には多くの問題があると思います。 123
先日は、ありがとう。 173
先日は、ありがとうございました。 173
先日はお世話になり、ありがとうございました。おかげさまで大変助かりました。 173
先日引っ越してまいりました中村と申します。よろしくお願いいたします。 69


## そ


そう思う……。 45
そうだね。 44
相談していい？ 118
相談にのってもらえますか？ 118
そうですか、早めに病院に行って治してください。 41
そうですね、週末などいかがですか？ 125
そうですね。 44
そうなんですね。 44
粗茶ですが。 85
そのようなお言葉を頂戴し光栄です。 91
それでさ～。 148
それでは！またね。 28
それでは、いただきます。 76
それでは中村さま、勝手ながら、来週後半のご都合はいかがでしょうか。ご調整お願いいたします。 53
それは失礼ですよ！ 100
それはないんじゃない！ 100
そろそろお昼ですね。何を召し上がりますか？ 137
そんなことになるなんて、恐ろしゅうございます。 143


## た


退院したら、快気祝いに一杯行きましょう。 65
大丈夫？ 64
大丈夫だよ！ 106
大丈夫ですか？ 68
大丈夫ですよ。 74
体調いかがされましたか？病院までお送りいたします。 62
体調はいかがですか？ 64
大変恐れ入りますが、 139
大変恐縮ですが、 140
大変結構なお品物を頂戴し、誠にありがとう存じます。 71
大変だったね。 68
タクシーがきました。 159
タクシーで帰る？ 158
タクシーに乗りませんか？ 158
タクシー乗りましょう。 158
タクシー乗る？ 158
タクシー拾いましょうか？ 158
タクシーを呼びましょうか？ 158

ただいま。　164
ただいま帰りました。　164
楽しく過ごさせていただきました。　162
楽しみにしています。　127
暖房／冷房をつけていただけませんか。　82
暖房／冷房をつけてください。　82
暖房／冷房をつけてくれる？　82

## ち

チェックしてください。　152
近くの洋食屋のスパゲッティなど、いかがでしょうか？　137
力不足かもしれませんが、精一杯努めてまいります。　47
力不足ですが、　47
ちゃんと並んでください。　35
昼食は何にいたしましょうか？　137
朝食は召し上がりましたか。　31
頂戴いたします。　77
ちょっと入っていいですか？　34
ちょっと話しにくいのですが……　115

## つ

次に向けて、今回の経験がいかせるといいね。　75
次のチャンスに向けて前向きにチャレンジできますね。　75
次の予定がございますのでこれで。　85
次の話題に移ってよろしいですか。　148
次は注意するように。　102
次はリベンジしましょう。　74
伝えていただけないでしょうか？　50
伝えてもらえませんか？　50
謹んでお悔やみ申し上げます。　160
謹んでお引き受けいたします。　47
つまらないものですが、　169

## て

できましたら、来週お時間をつくっていただけますか。　53
出すぎたことを言うようですが、　122
手伝っていただけますか？　105
手伝ってもらえる？　105
でも～、　122
添付されていないようですので、恐縮ですが、再送していただけませんでしょうか。　103

## と

どういたしまして。　73
どうか、お力落としなく。　75
どうか、ご容赦ください。　121
どうぞ、お線香をあげてください。　161
どうぞ。　144
どうぞ召し上がってください。　77
どうも。　32・136・140

どうもありがとう。 70
どうもどうも。 72
遠くに行かれて、悲しゅうございます。 143
どこがよろしいでしょうか？ 130
どこにする？ 130
ところで、 148
とてもお似合いですね。 89
とてもかわいらしいですね。 88
トマトを愛してやまない中村太郎です。 57
とんでもありません。 72
とんでもないことでございます。 73
とんでもないことです。 73


## な


長い間、誠にお世話になりました。中村部長からのご指導を忘れずに、これからも職務を全うしてまいります。 163
中村さま、29日水曜20時はご都合よろしいでしょうか？ 52
中村さま、パソコンで調べてみてはいかがでしょうか。 104
中村さまとお会いすることを心待ちにしております。 127
中村さん、おはようございます。 24
中村さん、パソコンで調べてみませんか？ 104
中村さん、本日はいいお日和ですね。 30
中村さん／先生は29日空いていらっしゃいますか？ 138
中村さんでいらっしゃいますか？ 49
中村さんのご活躍、期待しております。 132
中村と申しますが、松本さまでいらっしゃいますか？ 49
中村の東京土産ですが。 85
長らくお引き留めして申し訳ありません。 85
何かお手伝いすることがありますか？なければこれで失礼させていただきます。 133
何食べたい？ 私はなんでもOK。 137
何になさいますか？ 137
生意気な言動で大変恐縮ですが、先ほどのお話の内容には間違いがあると思います。 103
何時にお戻りですか？ 25
何時に帰りますか？ 25
何時に帰る？ 25


## に


似合ってるね。 89
人間関係は難しゅうございますね。 143


## の


飲みすぎだよ… 149
飲めません。 145


## は


はい、お伝えいたします。 51
はい、そうですね。 134

はい、伝えます。 51
はい、中村でございます。 48
はい、やります。 47
はい、わかりました。行きましょう。 126
はい。 42
バイバイ！　元気でね！ 162
はじめまして。中村太郎と申します。 56
はじめまして。中村です。 56
パソコンで調べてみよう。 104
ハッピーバースデー!! 147
話したいことがあるんだけど……。 125
話は変わりますが、 148
花嫁さん、本当に美しゅうございますね。 143

## ひ

久しぶり。元気だった？ 60
引っ越してきた中村です。 69
引っ越してきた中村です。よろしくお願いいたします。 69
一人いくらになりますか？ 153
ひとり暮らしだから戸締りしっかりね。 132
病院に行ったら？ 62

## ふ

ぶしつけですが、こちらの書類には不備があるようです。 103
無事でよかったね。 68
普段どおり、ベストを尽くせば大丈夫です。 107

## へ

ペンある？ 99
勉強しっかりね。 132
返信は必要ありません。 113

## ほ

ボールペン貸してください。 99
ボールペンをお借りできますか。 99
本日はありがとうございました。 85
本日はありがとうございました。お気をつけてお帰りくださいませ。 159
本日のご提供ができません。何卒ご容赦ください。 121
本日は美味しいお料理をごちそうになり、ありがとうございました。 154
本日はご足労いただきありがとうございました。お気をつけてお帰りくださいませ。 163
本日はご足労をおかけいたします。 71
本日はすっかりごちそうになりまして、ありがとうございました。 154
本日もご指導いただき、ありがとうございました。 94
本日もご指導よろしくお願いいたします。 92
本日も大変お世話になりました。 162

## ま

まぁまぁ、一杯、グッと。 144

誠にありがとう存じます。 70
誠に心残りです。 160
誠に申し上げにくいのですが、本日は参りません。 97
ますますのご活躍をご祈念申し上げます。 106・147
またお会いできるのを心待ちにしております。 29
またご縁がありましたら…… 113
またぜひいただきたいです。 142
また次の機会にお願いします。 113
またのお越しをお待ちしております。 29
またの機会に。 113

## み

道をお尋ねしたいのですが、郵便局は、どのように行けばよろしいでしょうか？ 63
みなさんも守っていますので。 33
身に余る光栄でございます。 71
冥利につきます。 91

## む

無断駐車は困りますね。 175
無理です。 128・145

## め

目がパッチリしていて 88
滅相もありません。 72
滅相もございません。 91

## も

もう一杯いかがですか？ 85
申し訳ありません、 112
申し訳ありませんが、 82・140
申し訳ありませんが、○○に変えていただけますでしょうか。 141
申し訳ありませんが、今一度おっしゃっていただけませんか？ 43
申し訳ありませんが、遠慮させていただきます。 112
申し訳ありませんが、お冷をお願いできますか。 146
申し訳ありませんが、キャンセルさせてください。 139
申し訳ありませんが、ご指導いただけないでしょうか。 116
申し訳ありませんが、終電に乗り遅れてしまいますので、お先に失礼させていただきます。 150
申し訳ありませんが、入らせていただけないでしょうか。 34
申し訳ありませんが、本日は休ませていただきます。 40
申し訳ありませんが、みなさんと同じようにご協力願いますよ。 35
申し訳ありませんでした。 101
申し訳ございません。 120
もう少しで甘いものが召し上がれるようになりますね。 65
もしもし、中村さんですか？ 49
もしもし、中村でございます。 48
もしもし、中村です。 48

もしよかったら、このイベント、一緒に行きませんか？　125
もったいないお言葉です。　91

**ゆ**

夕方雨が降るみたいですね。　30
郵便局はどこ？　63
郵便局はどちらでしょうか？　63
ゆっくり休んでね。　62

**よ**

よう！　元気？　58
ようこそお越しくださいました。　167
余計なことを申し上げるのですが、　115
横で撮ってください。　174
予定が合わず、申し訳ありません。　128
夜は家で食事をされますか？　26
夜は冷え込みますので、お体にお気をつけくださいませ。またお会いできることを心待ちにしております。　163
夜もすっかり更けてまいりました。　136
よろしければ、お納めください。　168

**ら**

来月、サッカー観戦に行きましょうね。　65
来月の講演会、行こうかどうしようか迷っているんだよね。　125
来週に変更で大丈夫？　53
来週の作業について、ご教示いただけると助かります。　117
来週の発表会にむけて、ご指南くだされば幸いです。　117

**り**

了解。　46
領収書をいただけますか？　153
リラックスしてね。　170

**る**

ルールを守りましょうね。　33

**れ**

礼には及びません。　72
例の案件、ぜひお聞き届けいただきたくお願いいたします。　109

**わ**

若うございますよ、同い年とは思えません。　143
わかりました。　41・42・46
わくわくしています。　127
わざわざお電話いただき、ありがとうございました。　139
忘れ物、大丈夫？　156
忘れ物ありませんか？　156
忘れ物ない？　156
忘れ物はございませんでしょうか？　156
わたくしも同感です。　45
私、ゲコなんです。　145
私も最近知ったのですが…　104
私もそう思います。　45
割り勘にしよう。　153

悪いけど、　82

数字

29日あたりはどう？　52
29日水曜の午後はいかがでしょうか？　52
29日に予約を入れたいのですが、大丈夫ですか？　138
29日に予約を入れてください。　138
29日に利用した者ですが、青色の折り畳みの傘は届いていませんか。　157
29日は空いていますか？　138

記号

○○、よろしく！　108
○○急いでください。　111
○○ご一緒したいのですが、明後日のご都合はいかがでしょうか？　124
○○でいいですか？　130
○○に変えてください。　141
○○にしていただけませんでしょうか？　130
○○にしてもらえますか？　141
○○プロジェクトの件につきまして、折り入ってご相談したいことがございます。　119
○○をいただけますか？　140
○○をお願いします。　140
○○をください。　140
……。　134・164

## 本書の特長

本書は、1日24時間のうち、6時から24時までを4つに区分し、また休日も加え、その時間帯を中心に想定できるシーンごとに、松・竹・梅と3つずつのフレーズを掲載しています。使う場面での丁寧さだけでなく、相手との関係による使い分けなど、そのシーンによって松・竹・梅の分け方は違います。解説文を読み、その場にふさわしいフレーズを選んで使ってください。

また本書のなかでは、「賢語」と「大和言葉」がたびたび登場します。

今回紹介する賢語とは、著者で敬語研究家の唐沢明が、仕事や人生で使用する言葉のなかで相手に「賢い、聡明だ」と思われ、周囲の評価が上がる言葉を指す造語です。また、賢語と大和言葉には共通する部分もありますが、大和言葉とは、日本人が独自に創造し、会話をしてきた純粋な言葉を指します。特に相手に対する思いやりの気持ちが込められているのが特長です。

その賢語や大和言葉を、本書の随所においてコラムなどの形で紹介しています。日本人として知り、また使いこなせるように活用してください。

チャプター

Chapter 1

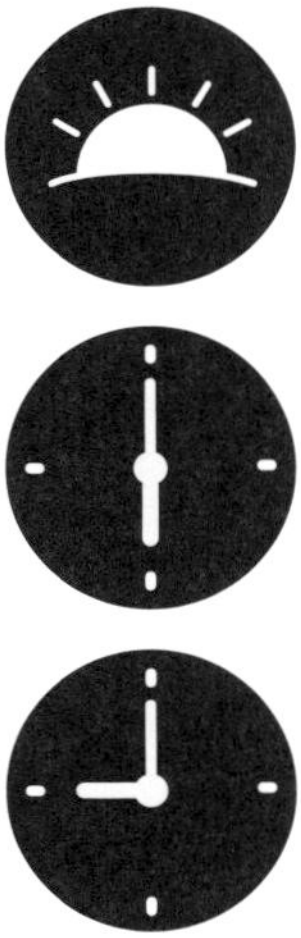

6:00～9:00

〔挨拶の表現〕

# 朝の挨拶



コミュニケーションの基本中の基本がこのフレーズです。簡単な言葉ですが第一印象を大きく変えてしまう重要なものです。

梅

おはよう。

竹

おはようございます。

松

中村さん、おはようございます。

## 使い分けテクニック

梅の「おはよう。」は友達や家族の間で使うフレーズです。時間帯では、10:00くらいまでに使うのがふさわしいでしょう。

アルバイト"仲間"や会社の"同期"であっても、公の場では竹の「おはようございます。」がふさわしいかもしれません。アルバイトの場合などでは、夜にこのフレーズを使って出勤の挨拶をする場合もあります。

松の「おはようございます。」は、竹と同じフレーズですが、自分より立場が上の方に使う場合と理解してください。お辞儀をしながら挨拶すればより丁寧になります。また「今日はいいお天気ですね。」「暖かいですね。」などをつけると心も晴れていきますね。

［確認］

# 帰宅／帰社時間を聞く

家族に、また会社の同僚や上司に、何時に帰るかを聞きたいときは、同じ質問でも、すべて同じ聞き方ではいけません。その使い分けをしっかりおさえましょう。

梅

何時に帰る？

竹

何時に帰りますか？

松

何時にお戻りですか？

使い分けテクニック

梅の「何時に帰る？」は敬語ではないので友達の間や家族に使い、自分より立場が上の人に使うと失礼にあたるフレーズです。朝家族が出かけるときや、いったん友達と別れるときなどに使いましょう。

オフィスで同僚やちょっと上の先輩などに聞きたい場合や、同年輩であっても公の場では竹の「何時に帰りますか？」を使いましょう。「〜ますか？」をつけることによって丁寧かつオフィシャル感が増します。

松の「何時にお戻りですか？」は自分より目上の方に使うフレーズです。より丁寧にしようと「お戻りになられる」と言う人がいますが、二重敬語になり正しいフレーズではありません。

［確認］

# 食事の有無を聞く

朝、家人を見送るときに、
また職業上、
上司に食事が必要かどうかを
聞くときもあるでしょう。
相手によってふさわしい
使い分けが必要です。

梅

**今日はご飯いる？**

竹

**夜は家で食事をされますか？**

松

**今日はお夕食召し上がりますか？**

使い分けテクニック

梅の「今日はご飯いる？」は家族や友達など親しい関係の人に使うフレーズです。

厳格なご家庭では、竹をくずして「夜は家で食事しますか？」と妻が夫へ、また子供が親や祖父母に対して使うこともあります。

家庭のみならず、職業上、上司やお客様、また先生や師匠など目上の方に食事が必要かどうかを聞く場合もあるでしょう。その際は、松の「今日はお夕食召し上がりますか？」を使いましょう。「召しあがる」は「食べる」や「飲む」の尊敬語になります。夕食を昼食に置き換えて、また「何を」をはさめば、より具体的に聞くことができます。

その一

## お夕食、ご用意しましょうか?

スマートでシンプルな伝え方ですが、相手が答えたくなる質問のフレーズです。

丁寧すぎず、かしこまりすぎず、ほどよい距離感を与えるマイルドな言葉遣いです。

自宅で妻が夫に伝えるときが多いかと思いますが、品のある響きに聞こえる理由は、「ご用意」「〜しましょうか」と会話のなかに丁寧語を添えているからです。

家庭で伝える場合、OFFの空間ですから、さりげなく、なにげなく、自然体で伝えるのがベストといえるでしょう。

その二

## 御御御付け

日本語の「絶滅危惧語」と私は呼でいますが、一部の年輩の方を除いて、若い年代や外国人の方は初めて耳にする方も多いことでしょう。「おおおつけ」ではなく、「おみおつけ」と読みます。

味噌汁の丁寧語です。オツケは、動詞ツケル(付ける)の連用形ツケが名詞化したものに、接頭語オ(御)をつけた女房詞で、本膳に並べてつける汁の意。さらにそれに尊敬の意の接頭語オ・ミのついた語。「御御御付け」。一説に、味噌を意味する女房詞オミにオツケがついたという説もあります。

なお、汁の丁寧語としては、現在「お汁」「おつゆ」が用いられ、オツケはオミオツケ以外にはあまり用いられていません。

ちなみに、「お漬物」の丁寧語は、「お新香」が主流ですが、「香の物」「お香こ」もマスターすれば、日本語の上級達人デビューができますね。

［挨拶の表現］

# 送り出すとき

家族、友だち、上司など、送り出す場面はさまざまなシーンが考えられます。しっかりとした言葉遣いで良い印象を与え、相手を気持ちよく送り出しましょう。

梅

**それでは！ またね。**

竹

**いってらっしゃい。**

松

**いってらっしゃいませ。**

使い分けテクニック

梅は、ノーマルな言い方ですが、なんだか別れ際のセリフのようにも聞こえますね。言葉はシンプルでも、笑顔で手を振りながら言いましょう。

竹は自宅で家族を見送る際のテッパンフレーズですね。昭和から平成にかけて、そしてこれからも長きにわたってなくなって欲しくない気持ちのいい挨拶。仕事の場面でも使いましょう。オフィスで同僚や先輩が外回りに行くとき、特に先輩には会釈しながら言うことにより良い印象を与えることができるでしょう。

松は、お客様や、会社では上司を見送る場合に使います。先に名前を呼んだり、「～ませ」をつけることでより丁寧な表現になります。

応用編 〝送り出すフレーズ〟

その一

## 気をつけて行ってらっしゃいませ。

この例文は、丁寧な表現になっています。なぜなら「いってらっしゃい」に「ませ」がついているからです。この表現は特に上司や目上の方に対して使います。もし、ホテルなどのサービス業、旅行関係、各種窓口業務でお客様をお送りする際は、「**ありがとうございました。**」の後にこのフレーズを加えるとよりいいでしょう。

その二

## 体に気をつけて。

このフレーズは、長期戻らない人へ言うときを想定しています。これは「元気でいてね」という意味をもった丁寧で、ただ「さようなら」と言うことを伝えるだけではなく、相手の体調を気遣うことによって、別れの寂しさを表現することができます。

その三

## またお会いできるのを心待ちにしております。

この表現は再来を願うときに言う例文です。「また会いたい」「来てほしい」という気持ちを丁寧に伝えられるのがこの表現です。どちらかというとプライベートでの使用に向いているフレーズですので、ビジネスシーンでは状況を考えてから使いましょう。また、飲食やホテルなどのサービス業では、「**またのお越しをお待ちしております。**」と言うことでまた来てほしいという気持ちをお客様に伝えることができます。

〔ちょっとした会話〕

# 天気の話

話し上手、会話の達人を目指すなら、チャレンジしてほしいことがあります。それは、天気の話。いつものネタにひとひねり加えて雑談を盛り上げてみてください。

梅

**いいお天気ですね。**

竹

**いいお日和ですね。**

松

**中村さん、本日はいいお日和ですね。**

使い分けテクニック

天気の話は空を見ながら会話でき、コミュニケーションのフックになるので、あらゆる場面で使える万能選手です。誰の生活にも直結した共通のネタですし、定番の雑談ネタになります。

梅は、社内や近所、街角で久し振りにあった人に便利なテッパンフレーズです。竹は「〇〇日和」と具体的に会話を膨らませることもできます。他には「**夕方雨が降るみたいですね。**」と現在の状況のみならず、相手の予定と天気の兼ね合いを示すと、気遣いの気持ちが伝わるのでよりよいでしょう。松は、やはり相手の名前を言うことで親近感が倍増。「今日」を「本日」の丁寧語に変えることで誠実さがプラスされ、好印象につながります。

応用編 〝当たり障りない朝の会話〟

その一

## 今日は冷え込みますね。

当たり障りのない会話の代表例としては天候についてです。気温、風の強さ、暑さや寒さについての会話はどの人に対しても共通した話題であることと、特に相手に意見を求めるような内容ではないからです。

もちろん、親しい人なら、プライベートな話題でもかまわないでしょう。

その二

## 朝食は召しあがりましたか。

午前中のミーティング、もし食事ができるようなカフェなどでするのなら、このフレーズをお聞きしてみましょう。相手への心遣いが感じられる表現です。食べ物についても、当たり障りないテーマになりますし、お互いに情報交換ができるでしょう。

その三

## 昨晩は、日本代表の試合、すごかったですね。

前日話題になったことについて話すのもよいでしょう。もし、相手の好みのスポーツチームを知っている場合には、そのチームの活躍について話すと相手方も良い気分で会話を始めることができます。

逆に、事件や政治的な問題について話すと、相手との考え方が異なる場合があります。朝にかかわらず、会話の導入としてはふさわしくない話題ですね。

6:00~9:00

［コミュニケーション］

# 近所の人と声をかけあう

出勤時や朝のゴミ出し、犬の散歩や買い物、ジョギングなどは、近所とのコミュニケーションのいい機会です。これらのフレーズで、気軽に声をかけてみましょう。

梅

どうも。

竹

おはようございます。いいお天気ですね。

松

おはようございます。お元気ですか？

使い分けテクニック

梅の「どうも。」はある程度お互いを知っている関係の人に対して使いましょう。注意するポイントとしては笑顔で、また会釈を加えると印象が良くなるでしょう。

竹では挨拶以外に天候を加えることによって短い会話を作り、松では相手に関しての質問をすることで、コミュニケーションのきっかけとなっています。

梅＝挨拶のみ、竹＝会話少し、松＝さらなる会話へつなげる、ということをおさえておきましょう。

ただし、相手が急いでいるときや忙しそうなときは、梅のように「どうも。」や「おはようございます。」などの挨拶にとどめておく心配りも重要です。

［注意］

# 迷惑なゴミ出しに対して

間違いやケアレスミスはだれにでもあること。責めたり、非難せず、同じご近所目線で、親切な言葉がけ、心がけの投げかけをしましょう。

梅

困ります。

竹

今日は、ゴミの日ではありません。

松

指定された日に、ゴミを出しましょう。

使い分けテクニック

梅は、自分の感情をそのままストレートに吐露した表現です。無愛想、冷淡、やや失敬なコミュニケーションです。たしかに困るという気持ちはありますが、逆効果になったり、乱暴に聞こえることもあるので注意しましょう。

竹は、教示の伝え方で、「ゴミを捨てる日ではありません。」からは親切心が醸し出されています。梅に比べても嫌味がありませんし、感情もむき出しになっているわけではありません。

松は、「**ルールを守りましょうね。**「**みなさんも守っていますので。**」という優しさ、ハートのこもった伝え方になっていますね。相手の立場に立ったコミュニケーション、アサーションが成立しています。

〔無差別なお願い〕

# 人混みを分け入るとき

割り込みは歓迎されるものではありませんが、緊急時ややむを得ない場合に使えるスマートフレーズを心得ておきましょう。

梅

**ちょっと入っていいですか?**

竹

**すみませんが、ここ失礼します。**

松

**申し訳ありませんが、入らせていただけないでしょうか?**

## 使い分けテクニック

梅だと割り込まれた人は、「ムッと」され、周囲の人の眉間には間違いなくシワができるでしょう。二度と会わないからいいじゃない、という身勝手な気持ちはご法度です。

竹は、「すみませんが」というひと言で、申し訳ないという気持ちが伝わります。「いいですか」より「失礼します」の方が、周りは協力してあげようかなという協調の精神が芽生えます。

松はベストです。「申し訳ありませんが」で、日本人は「あ、入れてあげないと」という忖度の精神が生まれます。さらに「体調が悪いので」「赤ちゃんがいる」など、ちょっとした理由もあると、「困ったときはお互い様」という魔法の気持ちに変わります。

［注意］

# 割り込みに対して

券売機前、電車やレジ、入場待ちなど、割り込まれたら気分が良いはずありません。周囲を気遣いながら大人の対応ができてこそ、日本人の美徳といえるでしょう。

梅

**ちゃんと並んでください。**

竹

**最後尾はあちらですよ。**

松

**申し訳ありませんが、みなさんと同じようにご協力願いますよ。**

## 使い分けテクニック

注意をするときに気をつけたいのが、①日本はマナー・思いやりコミュニケーションの文化、②自分目線だけでなく、相手目線、その他目線にも気を配る、③禁止・否定ではなく、依頼・肯定の言葉遣いにすることです。

ルールを守らない人に思いやりはいらないと言う人もいますが、言い方には自分の人間性や品性がにじみ出てしまいますよ。

梅はストレートに注意、竹はさりげなく相手を誘導、松は周囲のために協力を要請しています。Ｉではなく、ＹＯＵでもなく、ＴＨＥＹ＝みなさんと同じようにルールを励行しましょうね、というフレーズを使えば、角を立てずに丸くおさまるものです。

# 大和言葉

## その1／名詞編

※上(大和言葉)＝下(意味)

| | |
|---|---|
| **あらまし** | 概要、だいたい |
| **・追って書き<br>・なおなお書き** | 追伸 |
| **・覚え書き<br>・おぼえ** | メモ |
| **おもうむき** | 風情 |
| **面影** | 記憶に残っていること |
| **掛かり** | 費用 |
| **形(かた)** | 担保 |
| **きざはし** | 階段 |
| **仕切り** | 決算 |
| **しもたや** | 民家 |
| **綴じ込み** | ファイル |
| **ならし** | 平均 |
| **荷が勝つ** | 無理 |
| **・値踏み<br>・みつもり** | 評価 |
| **ひらめき** | アイデア、発想 |
| **・文<br>・便り** | 手紙 |
| **まろうど** | 客 |
| **実入り** | 収入 |

現代語は何かと略語や流行語が氾濫していますが、大和言葉や賢語を使えば自分の感情を表現しながらコミュニケーションができますね。何かと伝わりにくくて説明が必要な時もまとめて話せるだけなく、相手に自分の思いを伝えることができるでしょう。大和言葉や賢語は、松竹梅よりさらにワンランク上の上級コミュニケーションになりますのでぜひ活用しましょう。

チャプター

# Chapter 2

9:00〜13:00

〔伝達・報告〕

# 遅刻するとき

やむを得ない理由で約束の時間より遅れるときがあると思います。梅、竹、松は伝える相手によって変化しますが、時間通りに来る人に対して謝る気持ちが大事です。

梅
ごめん、ちょっと遅れる。

竹
すみません、遅刻します。

松
お時間に間に合わず、申し訳ございません。

## 使い分けテクニック

梅は友達や家族、竹はオフィシャルな場面、たとえば会社や学校の先輩など。松もオフィシャルな場面で、上司、教授、取引先などさらに目上の人、またお世話になっている方に使います。

まずは、謝罪の気持ちを伝えることを念頭にしましょう。梅竹松では「ごめん」→「すみません」→「申し訳ございません」と謝罪の言葉が丁寧になっているのが見てわかりますね。同じ謝罪であっても、使う言葉を間違えると逆効果となってしまいます。

いずれにしても、謝罪のあとには遅刻する旨と到着予定時間を告げ、余裕があるなら、現在の場所や遅刻理由を伝えておくと、相手も納得するでしょう。

## 応用編 〝遅刻のフレーズ〟

### その一 子供が幼稚園に遅刻するとき

**さくら組の中村太郎の母でございます。今朝、太郎が寝坊しまして、少し遅刻してしまいます。10時までには送っていきますので、よろしくお願いいたします。**

このような予想外の事態はいつ起きるかわからないものですが、ポイントは慌てずに、シンプルで簡潔に伝えることです。自分の名前、状況報告、今後の対応の3点セットをしっかりと伝えましょう。

### その二 会社に遅刻の電話をするとき

**おはようございます。申し訳ありませんが、頭痛がしまして、少し休んで昼から出社させていただきます。A社の対応は中村さんに別途メールを送ります。よろしくお願いいたします。**

この場合も「うっかりをしっかり伝える」ことが電話口に出た人へのスムーズコミュニケーションにつながります。もし直属の上司や担当者が不在、または朝早くて留守番電話の場合でも、内容を簡潔に伝えましょう。

### その三 友人との飲み会に遅れるとき

**ごめん、今仕事が終わって、これから向かいます。7時半には着くと思うから、先に始めててね。**

友人同士の飲み会でも、なぁなぁな態度は控え、遅れる場合は早めに伝えましょう。音信不通、行方不明が一番困る行為ですね。参加者からの電話を受けるのではなく、遅延者から連絡するのがマナーです。

［伝達・報告］

# 休むとき

休むことを伝える場合も、
遅刻と同様、
それを誰に伝えるのかによって、
使うフレーズを使い分け、
失礼がないようにしましょう。

梅

今日は、休むね。

竹

すみません、お休みします。

松

申し訳ありませんが、本日は休ませていただきます。

## 使い分けテクニック

竹は梅を丁寧にした表現ですが、両者の間には大きな差があり、梅が使えるのは、学校や会社、習い事などを休む旨、友人や家族に伝えるときです。

一方で、謝罪の言葉が入り、接頭語の「お」がついた竹は、丁寧な言い方とはいえ、それほど丁寧すぎることもないので、友人や先輩から上司、先生まで、幅広く使うことができます。友達であっても迷惑をかけている場合には、丁寧に伝えることで相手を不快にさせないですむでしょう。

松は、ビジネスシーンはもちろん、目上の方、まだあまり親しくない方に使うといいでしょう。体調が悪くても周りへの気遣いを忘れずにするのが必須です。

〔受け答え〕

# 遅刻／休みの人に対して

急な遅刻やお休みは迷惑ですよね。しかし、自分もいつそのような立場になるかわかりません。ここはお互いさまの精神でカバーし合いましょう。

梅

**わかりました。**

竹

**そうですか、早めに病院に行って治してください。**

松

**承知いたしました。どうかお大事になさってください。**

使い分けテクニック

梅は、その事実に関して理解したことを示すだけのフレーズです。少し冷淡な印象なので、「**気をつけて来てね。**」や「**お大事に。**」などのひと言を付け加えると優しい印象をもってもらえるでしょう。

竹は、微妙な言い回しです。心配なのか、迷惑なのか、判断できませんが、建前だとしても、原因となることが回復することを願う言葉を添えるのは、社会人として当たり前の行動です。

松では、相手のことに寄り添ったひと言で、印象が良くなります。

いずれにしても電話しにくいアウエーの心理状態なのですから、心身ともに悪化させない松のようなオトナの対応を心がけましょう。

［受け答え］

# 返事をする

子どもや、きわめて親しい間柄では「うん。」と返事をする場合もありますが、大人の世界では「はい。」が常識。シーンによって使い分けましょう。

梅

**はい。**

竹

**わかりました。**

松

**承知しました。**

## 使い分けテクニック

何かを教えていただいているときや、電話対応しているときなど、普段どのように反応していますか？　特に電話では表情がわからないので無言でいると理解してもらっているのかどうかわかりません。

梅の「はい。」が最もシンプルな返事です。自分の存在を示すことや話を理解していることを表すことができます。話の切れ目に言うことで理解していることを効果的に示すことができますが、多用するとかえって悪い印象を与えるので気をつけましょう。

竹と松は、ただ返事するだけでなく、何かを理解、承諾、了承したときに使います。竹よりも松の方が丁寧な表現です。

〔お願い・依頼〕

# 聞き直す

聞き取れなかったとき、「えっ？」のひと言でも済むことですが、もう一度言ってもらうなら、それなりに経緯をはらって対応したいものです。

梅

**え？ もう一回言ってもらえる？**

竹

**すみません、もう一度お願いします。**

松

**申し訳ありませんが、今一度おっしゃっていただけませんか？**

使い分けテクニック

聞き取れなかったり理解できなかったとき、もう一度同じことを話してもらうことになるのですから、なるべく相手を不快な気分にさせないように、正しい使い分けをマスターしましょう。

梅ではただ聞き直すのみなので親しい間柄以外で使うと相手方を不愉快にさせてしまうかもしれません。丁寧にするためには聞き返す前に謝罪のひと言を入れるといいでしょう。さほどオフィシャルな場でなければ、「すみません。」で十分です。オフィシャルならは「申し訳ありませんが、」のほか、「恐れ入りますが、」という表現を使うこともできます。竹は店員さんなどに、松は上司や目上の方というように使い分けるといいでしょう。

〔受け答え〕

# 相槌を打つ

コミュニケーションには、
相手に対する感謝と愛情が大切です。
「相槌」とは、まさに「愛槌」。
会話のボールをしっかりと
受け止めるハートを持ちましょう。

梅

**そうだね。**

竹

**そうですね。**

松

**さようでございますね。**

使い分けテクニック

会社の上司から「明日大雪らしいよ。」と言われたけど、最新の予報だと明日は大雨。こんなときはいきなり否定せず、「**そうなんですか。**」と相槌を打ちます。その後に「先ほどの予報では大雨に変更に……」と。これで、相手の発言をいきなり否定せずに情報を訂正することが可能となります。

梅はこの例の上司に使うことはできません。シンプルなフレーズで友人関係的な相槌で「上から目線」。竹はそれが敬語フレーズになったもので「横から目線」。松は「下から目線」で、最上級の言い方ですので、ストックしておきましょう。いずれも同意の表現なので首を縦に振る動作を加えることにより考えが伝わります。

〔受け答え〕

# 同意するとき

「同意」は、
協調、賛同、共感を示します。
同意の上手さは
相手のリアクションを引き出す
「傾聴力」につながります。

梅

## そう思う……。

竹

## 私もそう思います。

松

## ・わたくしも同感です。
## ・共感いたします。

使い分けテクニック

梅は、ノーマルフレーズで気持ちがこもっていません。「心ここにあらず」な印象は、相手の不快指数をアップさせてしまいます。竹は、シンプルで、当たり障りのない表現です。不快指数は、プラスマイナスゼロに戻ります。

松でどうでしょうか？ hear＝耳を傾けて「聴く」同意の言葉で、傾聴力のある人と評価され、不快指数どころか、相手の気持ちもアップします。

「○○さまのご意見に」や「○○のところに」などのフレーズをつけるとなおいいでしょう。「いいね」ということだけでは、具体的にどこがいいのかわかりにくく、どこに同意しているのか、本当に同感してくれているのかと相手方が不信感を持ってしまいます。

〔受け答え〕

# 了承するとき

「了解」は、知っているようで間違って覚えているフレーズのひとつ。相手の言葉をキャッチするときに必要なリアクションですから再度CHECKしておきましょう。

梅

## 了解。

竹

## わかりました。

松

- 承知しました。
- 承りました。
- かしこまりました。

### 使い分けテクニック

梅の「了解。」は、同僚や部下に使う言葉です。近年、上司や取引先など自分より立場が上の人に使っている人がいますが、失礼にあたるので使わないようにしましょう。

竹の「わかりました。」は、単なるOKという意味ですから、真意が伝わったかどうかわかりにくく、リスキーなフレーズです。たとえばコピーを頼まれたとき、竹では、わかったけど詳細まで理解していることにはなりません。この場合は松の「承知しました。」です。これには「すぐにコピーを10枚取ります。」などのアクションを含んでいます。上司や目上の人に使う言葉です。相手に安心感、信頼感を与えるフレーズを使用しましょう。

## 謹んでお引き受けいたします。

「お引き受けいたします。」は、取引先や上司からのお願い、依頼を受けたときに使います。**「はい、やります。」**というより丁寧な表現になり、相手方にあなたに任せても大丈夫であろうという印象を持ってもらえるでしょう。この表現は引き受ける要件の重要性関係なく使うことができますので、丁寧に表現したいとき使ってみるとよいでしょう。他には、**「かしこまりました。」**という表現も同様に使ってみましょう。特にレストランで、店員さんに注文した後にこの言葉をよく聞くと思います。こちらもあわせて活用してみましょう。

## 力不足かもしれませんが、精一杯努めてまいります。

この例文は、あなたがあるプロジェクトの責任者を打診されるなど大役をお願いされ、それを了承するときに使います。**「力不足ですが、」**という表現を入れることで謙遜していることを表します。またNG表現として「役不足」があります。これは、自分の能力に比べて役目が軽いという意味になってしまいます。せっかく期待をしている上司の期待を落としかねないので気をつけましょう。

## 困ったときはお互い様ですよ。

これは、相手が困っていてあなたに何かを依頼したとき、またあなたがその人を助けてあげたいと思ったとき、相手に申し訳ないという気持ちを持たせないようにするフレーズです。助けるだけでもいいですが、この表現を伝えることによってさらに気遣いのできる素晴らしい人であるという印象を持ってもらえるでしょう。

［応対する］

# 電話を受ける

ビジネスにおいて電話の応対は、会社の顔ともいわれます。常に相手の方の第一印象を悪くしないよう、爽やかな応対を心がけましょう。

梅
もしもし、中村です。

竹
もしもし、中村でございます。

松
はい、中村でございます。

使い分けテクニック

電話を受けるときのフレーズは「おはようございます。」などの挨拶と同じで、相手に与える第一印象を左右します。また、電話は直接話す場合と異なり、相手が聞きとりやすいように、ハキハキと話すように心がけましょう。

梅と竹で使っている「もしもし」は、カジュアルなフレーズなため、基本的にプライベートの電話で使います。ビジネスの場で「もしもし」は厳禁。特にアルバイト中、電話を受けることがある場合には気をつけましょう。

竹の「～でございます」は丁寧語の「です／ます」よりも、さらに丁寧度合が高い敬語です。ビジネスの場では竹の「もしもし」を「はい」に替えた松のフレーズを使いましょう。

〔応対する〕

# 電話をかける

電話では表情を見ることができません。
声のトーンはもちろんですが
正しい言葉遣いでないと
相手に悪い印象を与えてしまうので
ぜひここでマスターしましょう。

梅

**もしもし、中村さんですか？**

竹

**中村さんでいらっしゃいますか？**

松

**中村と申しますが、松本さまでいらっしゃいますか？**

使い分けテクニック

梅の表現は丁寧すぎずラフすぎないひと言です。使用範囲が広く、通常電話をかけるときには、基本的に梅の表現を使っていれば間違いありません。ビジネスでも、かける場合には相手と通じているか確認するために「もしもし」もOKです。

竹と松が、梅と違うところは、語尾を敬語の「いらっしゃいますか？」にしていることです。仕事やオフィシャルな場合、目上の方にかける場合は、このような敬語を使うのがふさわしいでしょう。さらに、取引先やお客様、またより立場の高い方には、継承を「さん」から「さま」に替えると、より敬意を払っていることを理解してもらえるでしょう。

［応対する］

# 伝言する

伝言ゲームは間違えても許されますが、仕事での伝言はうっかりミスはご法度。直接伝えられないとき、他人に伝言を頼むときは丁寧かつ簡潔に伝えましょう。

梅

**これ、伝えといて。**

竹

**・伝えてもらえませんか？**
**・伝えていただけないでしょうか？**

松

**お使いだてして申し訳ありませんが、こちらの件につきましてお伝え願えませんでしょうか？**

使い分けテクニック

梅の表現は、友達や後輩に使う表現です。簡潔に伝えることができますが、上司や先輩、知らない人に対して頼むシーンでは失礼です。

竹では「～ませんか？」と相手に委ねる聞き方をしていることがポイントです。相手方に決定権がある言い方をすることで失礼がなくなります。

松では、「お使いだてして申し訳ありませんが」と、先に断っておくことで、申し訳ないという気持ちが伝わります。このフレーズは相手に用事を頼むときによく使える表現なのでおさえておきましょう。「**お手数ですが、**」「**お忙しいなか恐縮ですが、**」も前置きで使うと、相手も伝言や依頼をキャッチしやすくなります。

〔応対する〕

# 伝言を受ける

伝言を受けるからには責任もって伝えるという意思表示が大切です。「伝える」旨をきっちり盛り込んだフレーズで返しましょう。

梅

**はい、伝えます。**

竹

**はい、お伝えいたします。**

松

**承知しました。申し伝えます。**

使い分けテクニック

伝言を受ける際のフレーズで最もシンプルなのが梅です。社会では同じ立場の人や後輩に、また家にかかってきた電話で、相手が親戚や近所の方なら、梅のフレーズでもいいでしょう。

ただ、梅は少し冷たい印象をもたれる可能性もあります。会社でも自宅でも、竹のように付加体である「お」を「伝える」につけ、語尾を「いたします」にすることで、より丁寧さや親近感が増し、印象が良くなります。

松では理解したことを表す「承知しました。」をつけ加え、「言っておく」や「伝える」を「申し伝える」に替えています。松はより丁寧さが増しているので、ビジネスやオフィシャルな場にふさわしいフレーズです。

〔応対する〕

# 日程の約束をしたいとき

相手の都合や予定を優先し、相談しながらの詳しい日程を調整するのがポイント。相手あってのことなので、注意すべき言葉遣いを抑えましょう。

梅

29日あたりはどう？

竹

29日水曜の午後はいかがでしょうか？

松

中村さま、29日水曜20時はご都合よろしいでしょうか？

使い分けテクニック

一方的な独りよがりの決め方も場合によってはありますが、ここでは、松竹梅のどれもが提案型で約束するフレーズになっています。

梅は、「あたり＝アバウト・抽象的」な言い回しで、「では30日は？他は？」など、二度手間、三度手間になってしまい、あっという間にロスタイムに。

竹は、曜日や時間帯を入れることで、相手が決めやすくなりますね。

松では相手の名前を言うことによってオーダーメイドの対応で、相手に丁重さ、真摯な人柄を感じさせます。また「～でしょうか？」は、尋ねることにより提案した日程が押しつけられたように感じさせるのを軽減させる魔法の語尾フレーズです。

〔応対する〕

# 日程の調整をする

日程を変更するときは、「イライラ感を出さない」「身勝手な押しつけ案を出さない」「寄り添う、相談する姿勢」を示すことがポイントです。

梅

**来週に変更で大丈夫？**

竹

**できましたら、来週お時間をつくっていただけますか。**

松

**それでは中村さま、勝手ながら、来週後半のご都合はいかがでしょうか。ご調整お願いいいたします。**

## 使い分けテクニック

梅のように「〜で大丈夫？」というフレーズはビジネスシーンでは良い印象を与えません。竹は一般的なフレーズで、相手の都合を上手に丁寧に聞き出すことのできる表現です。ある程度の期間を提示することで相手の都合を聞きやすくしています。

松では、「それでは中村さま、」とワンクッション前置き言葉を添えました。次に、「勝手ながら」という表現で申し訳ないという気持ちを効果的に伝えます。

受ける側も、「変更かぁ」「調整めんどくさい」のイライラ心情を吐露せず、マイルドに交渉していけば、「オトナの対応」と評価され、仕事の取り引きもうまくいくでしょう。

〔応対する〕

# 名前を聞く

名前を聞くのは、プライベートよりもビジネスの場面が多いかもしれません。それだけに、失礼な聞き方はイメージダウンにつながります。ふさわしいフレーズを覚えましょう。

梅

**お名前は？**

竹

**お名前を教えていただけますか？**

松

**お名前を頂戴できますか？**

使い分けテクニック

梅は、「名前」に「お」がついているとはいえ、ずいぶん上から目線の聞き方ですね。友人や親戚であっても年長者が使うのであれば問題ありませんが、年少者にはふさわしくありません。

日常ではほとんどの場合に、竹か松がふさわしいと想定されます。どちらもビジネスで使うことは問題ありませんが、竹は語尾を「いただけますか」と丁寧にすることで、一般に広く使えます。一方で、松は語尾が「頂戴できますか？」と謙譲語になっているので、ビジネスに加えてサービス業の方がお客様に対して使うのにふさわしいフレーズです。また、初対面の方と待ち合わせをする場合などは「**失礼ですが、**」と前置きを入れるといいでしょう。

〔応対する〕

# 相手の仕事を尋ねる

「仕事」「既婚」「住まい」「学歴」など、聞きにくい内容のときは、「唐沢式・カミングアウト会話作戦」で相手に不快感や不信感を与えないよう上手に聞きましょう！

梅

**仕事は何してるんですか？**

竹

**現在は、どんなお仕事につかれていますか？**

松

**失礼ですが、私は教師をしていますが、どのようなお仕事をなさってますか？**

使い分けテクニック

私は、相手に聞く前に「私は○○ですが」と自分の情報を伝えるようにしています。自分の胸のうちをオープンにすることによって、相手も答えやすくなります。それが、「唐沢式・カミングアウト会話作戦」。

梅は露骨でストレートすぎて、逆効果でしょう。竹は、プライベートセーフ、ビジネスボーダーラインの言葉で微妙です。

相手が年輩や少し偉そうな人に対しては松がベター。または聞く理由も添えると答えやすくなります。

いずれにしても、あまり詮索をしないことが重要です。もし、相手が多くのことを話してくれる場合には具体的に尋ねることは問題ありません。

〔コミュニケーション〕

# 自己紹介する

9:00～13:00

第一印象はとても重要です。
それを大きく左右するのが自己紹介。
いずれの表現においても
笑顔でハキハキと
元気に言うようにしましょう。

梅

はじめまして。中村です。

竹

はじめまして中村太郎と申します。

松

お初にお目にかかります。中村太郎でございます。

使い分けテクニック

梅は、例えば学校のクラスでの自己紹介するような場合に使います。ただ名前を言うだけではなく呼び方や自分の性格などひと言付け加えることで相手に覚えてもらいやすくなるでしょう。習い事の生徒同士の顔合わせなどもこれでいいでしょう。

竹は、特に社会人同士で一般的に使われる表現です。大多数の前でのプレゼンテーションなど、あらゆる人に対して失礼にならない表現です。竹では苗字と名前をしっかり名乗るようにするのがポイントです。

松は大変丁寧な表現です。VIPや年長者の方に対して使います。また、「～でございます」もよく使われる丁寧な表現です。

その一

## お会いできてとても嬉しいです。唐沢出版の中村太郎と申します。

自分の所属を自己紹介のときに言うと相手方にどういう人であるのかがイメージつきやすくなります。ビジネスシーンでは会社名や部署、学生であれば大学名、学部、学年を言うのが一般的です。ただ所属のみでは短いため、「お会いでき嬉しいです。」など気持ちが高まっていることを伝えると相手により好印象を持ってもらえます。

その二

## 趣味は映画鑑賞で歴史のジャンルが好みです。年間約100本の映画を観に行っています。

自己紹介でありがちな趣味についてですが、ポイントをおさえて言うことでより相手に覚えてもらえます。数字を使うのもひとつの手です。例文では「100本」と言うことで本当に好きであることを伝えられます。マニアックになってはいけませんが大まかなジャンルに加え、具体的な数字を使って言ってみましょう。

その三

## 芸能人の市川さんのようにめげない性格です。

自己紹介で、性格について話すと思います。そのときあなたは、「明るいです。」「元気です。」「おとなしいです。」だけで済ませていませんか。それでは印象に残りません。芸能人などの有名人に自分をたとえて性格を伝えると相手はイメージしやすく、その有名人とリンクして覚えてもらえます。たとえることをしてみましょう。

その二

## トマトを愛してやまない中村太郎です。

自己紹介において、相手に覚えてもらえる効果的なひと言は自分にキャッチフレーズをつけることです。たとえばテレビCMでは企業名とともに、その会社の特徴を伝えるひと言がついています。あなたもひとつは覚えている企業があると思います。このようにあなた自身にもキャッチフレーズをつけることにより相手の記憶に残ることでしょう。

9:00~13:00

〔コミュニケーション〕

# ご機嫌伺い

話しかけるのが難しいとき、なんとなくご機嫌を伺うこともきっかけになります。これらのフレーズを使って積極的に話しかけてみましょう。

梅

## よう！ 元気？

竹

## お元気ですか？

松

## ご機嫌いかがでしょうか？

使い分けテクニック

梅は友達や知人に使います。すれ違ったときには明るくこのフレーズを使いましょう。何も言わないと無視されたと相手に感じさせてしまい、あなたへの印象が悪くなります。

竹は、ご近所や家族の友人などをはじめ、気心の知れた人なら目上の人であっても、幅広く使えるフレーズです。一緒に会釈するとより丁寧さが伝わります。快晴の日など、自然なスマイルコミュニケーションで、自分も相手も、晴れ晴れした気分になりたいですね。

目上の人、少し距離のある方には、松を使って、気分や体調を聞いてみましょう。コミュニケーションのきっかけになります。

コラム

# 「ごきげんよう。」

「ご機嫌いかがでしょうか？」に関連したフレーズに「ごきげんよう。」があります。

これは今、日常生活のなかではほとんど聞かれなくなりました。私は絶滅危惧言葉と言っていますが、もし使わないとしても、日本人なら挨拶の言葉として、その語源や本来の意味を知っておきたいフレーズです。

「ごきげんよう。」は、室町時代中期に宮中の女官が上品で優雅な言葉として用いたことが由来になっています。確かに、現代でも男性よりは、どちらかというと女性がよく使うイメージがあり、女性に似合うフレーズです。そしてその後は江戸の上層武家が用いた言葉を基盤にできた「山の手言葉」として明治時代の貴族や華族などが使うようになりました。

山の手言葉というのは「ごきげんよう。」のほかには「ざます」などがあり、完全にスネ夫のママのような嫌味な金持ちが使う言葉というイメージがついてしまっています。

「ごきげんよう」は「ご機嫌良く」が変化したもので、ご機嫌というのは単に気分のことではなく、体調や健康のことを意味します。時代劇などで「殿もご機嫌麗しく……」というセリフを聞くことがありますが、これは殿の虫の居所が良いというのではなく、体調のことを言っているのです。つまり、「どうぞお元気でお過ごしください」というのを省略した挨拶なのです。

［挨拶の表現］

# 久しぶりに会う相手に

久しぶりに会ったのに
相手に悪い印象を与えては
とてももったいない！
正しく使い分け
楽しく過ごしてください。

梅

久しぶり。元気だった？

竹

お久しぶりです。
お元気でしたか？

松

ご無沙汰しております。
お変わりございませんか？

## 使い分けテクニック

梅には敬語が含まれていないことから友達など親しい間柄の人に対して使います。「久しぶり。」のみを言うのではなく、相手の体調や近況を気にかけることで、さらに親近感を相手方に持たせることができます。

竹と梅の違いは「久しぶり」と「元気」に「お」と「です」がついている点です。それぞれの言葉が丁寧語に変化します。

この表現は固くなりすぎずラフになりすぎず、バランスのとれた表現で、先輩や知人、親戚など全般的な目上の方が対象になります。

松も梅同様ですが、よりへりくだった言い方です。完全に目上の方、特に敬意をはらうべき方に使います。

コラム

# 「ご無沙汰」と「久しぶり」

どちらの表現も長く会っていなかった人に対して使う単語です。

まず、それぞれの単語の意味合いを見てみましょう。

「ご無沙汰」の「沙汰」は、たとえば「警察沙汰になる」のように問題のある行為や、「週刊誌に取り沙汰される」のように話題になるなどの意味合いがあります。そのほかにここで使われている「音信」「お知らせ」という意味合いがあり、音信がないことを表現して「ご無沙汰」を使っています。

「久しぶり」に使われている「久」という漢字自体に「長い間」や「長い時間」という意味があります。「〜ぶり」というのは、人の様子や時間の経過の程度を示す意味があります。

ここまででわかるように2つの単語の意味合いはとても似ています。上司や目上の方にはどちらを使えばよいでしょうか。その答えとしては、両方ともOKです。例文にもあるように語尾を丁寧にすれば問題ありません。例文の表現以外の使い方として、「**ご無沙汰しておりますが、いかがお過ごしですか。**」メールや手紙で使うこともできます。

［気遣い・心配り］

# 具合悪い人に声をかける

自分が体調悪いとき
何かひと言をいってもらえると
嬉しい気持ちになります。
正しいひと言をかけられるよう
しっかりおさえておきましょう。

梅

ゆっくり休んでね。

竹

お大事になさってください。

松

体調いかがされましたか？
病院までお送りいたします。

使い分けテクニック

梅は友達や家族など親しい関係の人に対して使います。このひと言だけではなく、**「病院に行ったら？」**など気遣うフレーズを添えてもいいですね。

竹は、病院や薬局でよく聞く表現です。とはいえ、一般に使えないわけではありません。友人関係なら**「お大事に。」**だけにして、知人や目上の方に対してはこの「お大事になさってください。」を使いましょう。

松は、状況が限定されるフレーズですが、いずれにしても上司など目上の人に対して使います。言葉だけではなく、臨機応変にその場にあった行動をとりましょう。その気遣いはビジネス上ではあなたの評価を大きく変える可能性があります。

［質問］

# 道を尋ねる

丁寧な言葉遣いにしても、乱暴な言葉遣いにしても、伝えるべき対象と目的が必要です。その内容によって、リアクションを引き起こすことを忘れずに！

梅

**郵便局はどこ？**

竹

**郵便局はどちらでしょうか？**

松

**道をお尋ねしたいのですが、郵便局は、どのように行けばよろしいでしょうか？**

使い分けテクニック

このシーンでは、自分から相手に「道を聞く」ことが目的です。通りすがりの他人に聞く場合、最低限の礼儀を心得ていたら、梅を使う人はいないと信じたいですね。梅はあくまでも友人や家族に聞くフレーズです。

道で他人に尋ねる際には、竹もありかと思いますが、その際には最初に「**すみません、**」「**恐れ入りますが、**」などをつけて、相手に不快感を与えない心配りは必要です。

また、尋ねる相手が自分より明らかに年配の方ならば、松を使いましょう。いずれにしても、尋ねる前に、相手に時間があるか、尋ねてもいいかを確認し、時間を頂戴するという気持ちを表現すべきです。

［コミュニケーション］

# 相手の体調を気遣う

優しい気遣いは嬉しいもの。そして、体調を気にかけることは、最大限の気遣いです。言葉とともに行動できるとよりいいでしょう。

梅

**大丈夫？**

竹

**体調はいかがですか？**

松

**お加減いかがですか？**

使い分けテクニック

まず、注意したいことがあります。体調を気遣うとき、相手の具合が悪いことがわかっている、もしくは明らかに悪いとわかったら、「元気？」と尋ねるのはやめましょう。「元気じゃないよ！」と思われ、せっかく気遣いしても、マイナスのイメージを持たれてしまうかもしれません。

体調を気遣う表現は、梅から松に向かって丁寧になります。相手がどのような関係か、また立場かによって使い分けましょう。

また、「お加減」という言葉は、病気の人に具合を聞くときに使います。それに対し、「体調」はどちらの場合でも使えるということを覚えておきましょう。

## お風邪を召しませんように。

この表現も気遣いの気持ちを伝えることができます。特にこの表現を使う状況は、寒さが厳しい時期や風邪などの病気が流行っているときです。

## お忙しいと存じますがどうかご自愛ください。

この表現は、口頭で伝えるよりも、手紙やメールの結びとして使う表現です。「**お体を大切にしてください。**」という意味ですが、相手の体調を気遣うよりも丁寧かつ上品な表現を使うことで、あなたの気持ちが伝わり、印象もより良くなるでしょう。しかし、「ご自愛ください。」だけだと短いので、例文のように相手の状況にあわせてフレーズを付け加えるのが上級テクニックです。

## もう少しで甘いものも召し上がれるようになりますね。

病気になっている方に対して気遣いの気持ちを伝えるのは難しいことです。過去、現在の病状の経過にあわせて、病気が治ったらできるようになることを盛り込んで、嬉しさや楽しさを共有しましょう。「もう少しで〇〇できますね。」という表現は明るい未来の生活ビジョンをイメージさせます。相手がサッカーが好きなら、「**来月、サッカー観戦に行きましょうね。**」や、飲み友達なら「**退院したら、快気祝いに一杯行きましょう。**」など、相手を楽しい気持ちにさせれば、自然とあなたへの印象も良くなることでしょう。病は気からといわれるように、これらのようなフレーズを伝えることが、相手の病を回復へと後押ししてくれるかもしれません。

9:00〜13:00

［礼儀］

# お祝い

誕生日、結婚式、合格など
同じお祝い事でも
場所や伝える相手によって
ふさわしいフレーズ選んで
使いましょう。

梅

**おめでとう！**

竹

**おめでとうございます！**

松

**心からお慶び申し上げます。**

## 使い分けテクニック

梅は、たとえば友達の誕生日会などのように親しい間柄でのお祝い事にふさわしいフレーズです。竹は梅を丁寧にしたもので、あらゆる人、あらゆるお祝いの場面で使うことができます。松は、自分より立場の高い人に対して、またスピーチのときなどに使います。ただ松を単体で使うと少し唐突な印象になってしまいますので、何に対して心より喜んでいるのか、簡単な前置きを入れるとよりスムーズなフレーズになります。また、竹と松のフレーズを合わせて使っても問題ありません。

夜のパーティーなどは別ですが、電話や訪問をしてお祝いの気持ちを伝えるのなら、時間は午前中がふさわしいということも覚えておきましょう。

その一

# 遅ればせながら、〇〇につきましておめでとうございます。

お祝い事は、なるべく早く伝えることが大切ですが、すぐ伝えられないときもあるでしょう。そのときに使えるのがこの表現です。遅ればせながらとは、「遅くなりいまさら申し上げるのは…」という気持ちを伝える言葉です。遅れたからもう言う必要がないと思うかもしれませんが、この例文を活用してお祝いの言葉を伝えましょう。

「遅ればせながら」を言うときには申し訳ない表情で言い、「おめでとうございます」の部分では明るく言うなど、言葉だけではなく表情にも気を使うとより良い印象を相手に与えることができるでしょう。

その二

# ご結婚、心からお祝い申し上げます。

お祝いの席では、参加者も気分が高揚しがちですが、そこでの言葉遣いにも気を配れる人とできない人では他人からの印象は大きく異なります。

この例文は、上司や取引先相手など自分より立場の高い人に対して使う表現です。ポイントとしては、結婚という言葉の前に「ご」がついているところです。また、「お祝いする」に「申し上げます」をつけることにより敬語になりとても丁寧な表現となります。「〜申し上げます」冠婚葬祭の敬語として使われているのでおさえておくとよいでしょう。

［気遣い・心配り］

# 災害などのお見舞い

相手が大変な状況に置かれていると考えられるとき、ほんのひと言に対してでも細心の注意を払い、相手を気遣う言葉をかけましょう。

梅

- ケガはないですか？
- 大丈夫ですか？

竹

お体はご無事でしょうか？

松

お見舞い申し上げます。

## 使い分けテクニック

梅と竹ではケガなど相手方の状況を尋ねているフレーズです。梅＝友達や親戚、竹＝取引先や上司など立場の上の方という具合に使い分けましょう。

松は、梅と竹のように相手の無事、ケガや体の様子、また現在の状況を気遣ったあとに、最後のひと言として使う表現です。

ただし、ごく親しい友人や家族、親戚に松を使うと、他人行儀な印象を与えてしまうかもしれません。そういう場面では「**大変だったね。**」「**無事でよかったね。**」など、いたわる言葉をかけた方がいいかもしれませんね。

気持ちを伝えることは大切ですが、相手の疲労具合なども考え、簡潔に伝えるほうが良い場合もあります。

〔挨拶の表現〕

# 引っ越しのご挨拶

心機一転、引っ越してきたとき、ご近所さんへの挨拶は大切です。使う機会は多くないですが、第一印象を良くすることで近所関係を築きましょう。

梅

**引っ越してきた中村です。**

竹

**引っ越してきた中村です。よろしくお願いします。**

松

**先日引っ越してまいりました中村と申します。よろしくお願いいたします。**

## 使い分けテクニック

梅は一番シンプルな言い方で、最低限のフレーズです。一般には、この表現だけでは少し気遣いが足りないように感じます。竹のように名前以外に「よろしく」とひと言つけたすと、挨拶としても自然な印象になります。

松は竹のフレーズを敬語表現にしたもので、より丁寧な印象を与えます。引っ越しの際の騒音に関して「**お騒がせして申し訳ございません。**」などを冒頭に言うのもいいでしょう。

また、挨拶は引っ越し後なるべく早く、また事情が許せば午前中、もしくは日中にうかがうのが常識的です。そのときに、相手方に負担にならない程度の品物（タオルやクッキーなど）を持参するのも効果的です。

［コミュニケーション］

# 感謝を伝える

お礼を言われると
嬉しい気持ちになります。
自分の気持ちをそのまま
相手に受け取ってもらえるよう、
きちんとはっきり言いましょう。

梅

**どうもありがとう。**

竹

**ありがとうございます。**

松

**誠にありがとう存じます。**

使い分けテクニック

梅は友達や後輩、家族に使う、きわめて基本的なフレーズです。竹には「～ございます」がついているため梅より丁寧な表現です。会社でもアルバイト先でも、プライベート以外では「ありがとうございます。」を使うと間違いありません。松の「存じます」は「思う」の謙譲語で「ありがたいと思っている」というのを丁寧にした表現です。よりオフィシャルな場や目上の人に使います。

「ありがとう。」はきわめて日常的で多用するフレーズです。小さいころから馴染みがあり、いまさら？と思われるかもしれません。次ページに感謝を伝えるのに効果的な賢語フレーズを紹介しますので、応用してみましょう。

**おかげさまで、無事務めさせていただきました。**

任されていたことをしっかり終えたとき、サポートを受けたことへの感謝の気持ちをこめて使います。

**ご高配を賜り、ありがとうございます。**

「ご高配」は、気遣いや心配りを意味します。とても丁寧なフレーズなので立場の高い方に対して使います。

**大変結構なお品物を頂戴し、誠にありがとう存じます。**

「大変結構な」とつけることで品物がとても良いものであることを示し、「頂戴する」は「もらう」の謙譲語です。

**本日はご足労をおかけいたします。**

取引相手が自社のオフィスに来てくれたときなど、相手方の移動に対して挨拶とともに使います。

**身に余る光栄でございます。**

「身に余る」は、自分のやったこと以上であること。立場の高い人から褒められたときに使います。

**お心にかけていただき、感謝いたします。**

上司や近所の方など、お世話になったり心配してくれた相手に対して、感謝の気持ちを伝えるときに使います。

**この上ない幸せでございます。**

立場の高い人から褒められたときやあなたが感激させられたとき、立場の高い人に対して使います。

**おほめいただくようなことではございません。**

自分を低め相手を敬っている代表的なフレーズ。ほめられ高慢な態度を感じるフレーズになるのを防げます。

〔礼儀〕

# お礼を言われたとき

9:00~13:00

このシーンは仕事や日常生活、プライベートで多く見受けられますが、得する人、損する人に分かれます。損するよりは得する言い方を選びたいですよね。

梅

- いいえいいえ。
- どうもどうも。

竹

- とんでもありません。
- 滅相もありません。

松

- こちらこそ、ありがとうございます。
- 礼には及びません。

## 使い分けテクニック

梅はまさに損するパターンです。せっかくの好意、感謝を否定していることになるからです。竹も一応は通じますが、微妙で曖昧なフレーズです。「さすが！」と思われるフレーズは松です。まさに感謝のキャッチボール的フレーズです。私も学生時代の面接で大失敗がありました。面接官から「唐沢君、いいネクタイをしているね」と言われて、まさに損する人＝梅でした。「いえいえ。」と謙遜したつもりが相手に不快感を与えてしまい、「ほめられたら、まずはありがとうございます、で返そうよ。それが礼儀、マナーですよ。」と辛口な反応。結果も撃沈でした。学校や会社で教えてくれないシンプルな法則、ぜひ身につけてください。

応用編〝お礼を言われたら〟

その一

## どういたしまして。

感謝の気持ちに対して、返すことばの代表例です。せっかく感謝してくれているのに、当たり前だという態度は横柄に見え、せっかくあなたが良いことをしていても印象を下げてしまいます。言うときには、声のトーンが低く、その上、暗い表情で言うと相手に不安感を与えてしまいます。良い返事でも声や表情によっては悪くとらえられてしまうので気をつけましょう。明るいトーンで、最後ににこっとしたら、相手も良い気分になるでしょう。

その二

## ・とんでもないことです。
## ・とんでもないことでございます。

これは、上司や立場の上の人からお礼を言われたり、ほめられたときに使いましょう。このフレーズを使う上で間違えて言ってしまうフレーズとして「とんでもございません。」や「とんでもありません。」が挙げられます。「とんでもない」は、たとえば「危ない」と同じく「〜ない」でおわる形容詞です。「危なくありません」と言わないことからわかるように「とんでもありません。」が正しくない言葉遣いであることがわかると思います。気をつけて使いましょう。

［コミュニケーション］

# なぐさめる

マイナスフレーズや不安を煽る言い方は逆効果で、相手の気持ちを沈めてしまいます。不安を安心に、不満を満足に変えるフレーズを覚えましょう。

梅

**がっかりしないでくださいね。**

竹

- **大丈夫ですよ。**
- **心配ないですよ。**

松

- **次はリベンジしましょう。**
- **応援していますね。**

## 使い分けテクニック

梅は、言われた方が余計にがっかりしてしまう表現ですね。病気の人に、病気にならないでね、と言っているようなものです。心中を察しながら、コミュニケーションしていかなければなりませんね。

竹は、言い方によっては、表面的・社交辞令的な表現になっていますので、注意が必要です。過去は終わってしまったものですから、次の指針、今度のチャンスに向かって背中を押してあげることが肝要です。

松は、未来に向かって発している言葉で、後ろ向きにならず、言われた方も安心感を与え、ポジティブになりますね。プレッシャーにならないような気遣い、心遣いも忘れずに。

## どうか、お力落としなく。

　この例文は、相手をなぐさめる表現ですが、特にフォーマルな場所で使います。「がっかりされないように」という意味です。特に、葬儀などではストレートに気持ちを伝えるより、相手が親しい間柄であっても「お力落としなく。」と丁寧な言葉を使うほうがスマートです。このフレーズに加えて相手方の体調を気遣うことによってさらに相手に寄り添うことができます。

## 次のチャンスに向けて前向きにチャレンジできますね。

　この例文は、何かに失敗してしまった相手に使うといいでしょう。次に向けて頑張ろうという励ましの気持ちを伝えることができます。物事が失敗したときはネガティブになりがちです。声をかけ、次のチャンスに向けて気持ちを奮い立たせるためには、この表現の他に表情や声のトーンに気を遣い、相手方の良かった点も伝えられれば、さらにこのフレーズの効果を高めます。入試などの試験に落ちた人やご家族に対しても、同様に「**次に向けて、今回の経験がいかせるといいね。**」など次の機会へ向けての努力に結びつくひと言を言えるといいですね。

〔礼儀〕

# いただくとき

「ありがたく頂戴する」気持ちは食事だけでなく、あらゆるシーンで必要とされる心がけです。日本人ならではの言葉を大切にしましょう。

梅

いただきます。

竹

それでは、いただきます。

松

ありがとうございます。いただきます。

## 使い分けテクニック

自宅での食事以外に、小学校の給食の時間にも「いただきます。」という挨拶はあったと思います。

道徳やマナー教育などにおいて、食材となった動植物の命への感謝であると説明されますが、食材の命を「いただい」て、自分の命を養わせてもらう。その感謝の気持ちを言葉に表しているものです。

この項目では、梅竹松の差異はあまりありませんが、松は、感謝の気持ちがより一層伝わる愛情のこもった言い方ですね。

いずれにしても、心を込めて、姿勢、視線に気を配り、「ありがとうございます」の気持ちをかみしめながら、いただくのがベターです。

使ってみよう、賢語フレーズ

## ご相伴いたします。

相伴というのは、基本的には、正客（主賓）の連れという意味です。もしくは、正客の連れとしてもてなしや利益を受けることです。特に、茶会など茶道の世界ではよく使われます。それ以外にも、ビジネスシーンでは、上司に取引先との会合に連れて行ってもらった場合、食事をすることになったとき、このフレーズがスラリと出てくるといいですね。普通に「いただきます。」と言うよりも謙遜さを相手に伝えられるとともに、あなた自身の品格も高められ、さらに相手方からみた上司への印象も良くすることができるでしょう。

## 頂戴いたします。

取引先の訪問時や、知人宅を訪問し客間に通されたときに、お茶が出されたらこのフレーズを使いましょう。「頂戴します。」は「いただきます。」より丁寧な表現です。同じような状況で、食べ物や飲み物が出ていた場合、また目上の人に食事に連れて行ってもらって明らかにごちそうになるのがわかっている場合にも使えます。注意したいのは、提供してくれた側の人が「**どうぞ召し上がってください。**」すすめてくれてから、このフレーズを言うことです。間違っても「どうも。」は言わないように。また、出されたものに一切口をつけないのは大変失礼な行為です。気をつけましょう。

# 大和言葉

## その2／形容詞、副詞、動詞、その他フレーズ編

### 形容詞

| | |
|---|---|
| 気働き | 気が利く |
| 敷居が高い | 心苦しくて訪問しづらい |
| 筋がいい | 天才、凄い |
| つくし、きよらか | 綺麗 |
| 目もあや | きらびやか |

### 副詞

| | |
|---|---|
| 朝な夕な | いつも |
| いかほど | どのくらい |
| お手すきの際に | 妥協、とりあえず |
| 思いのほか | 逆に |
| ・こうえなく<br>・こよなく | すごく |
| たまさか | 偶然 |
| 取り急ぎ | すぐに |
| まなく | もうすぐ |
| ゆくりなく | 思いがけず |

### 動詞

| | |
|---|---|
| いたしかねます | できません |
| お引き立ていただき | お世話になり |
| 恋蛍 | 恋している、好き |
| 心待ちにしている | 待っている |
| 下ごしらえ | 前もって準備する |
| たゆたう | ためらう |
| つくし、きよらか | 綺麗 |
| 手だれ | 優れた技を持っている |
| ほだされる | 心や行動の自由が縛られる |
| 虫が好く | 気に入る |
| むべなるかな | なるほどと思う |
| 泪に沈む | 泣く |
| 誼《よしみ》を結ぶ | 親しくする |

### その他フレーズ動詞

| | |
|---|---|
| 憚《はばか》りながら | 恐れながら |
| 不躾《ぶしつけ》でございますが | 恐れ入りますが |
| ほんのお口汚しですが | 量が少ないですが |

チャプター

# Chapter 3

13:00～18:00

13:00~18:00

［挨拶の表現］

# 昼の挨拶

昼間の挨拶といえば「こんにちは。」のひと言で終わりそうですが、状況に合わせてその都度ふさわしいフレーズを使い分けましょう。

梅

**こんにちは。**

竹

**おつかれさまです。**

松

**お世話になります。**

## 使い分けテクニック

梅の「こんにちは。」は、あらゆる人に対して使える万能的な挨拶です。特にプライベートでは相手を選ぶこともなく、カジュアルすぎることもかしこまりすぎることもありません。「どうも。」と言って済ませてしまう人がいますが、これは挨拶にはふさわしくないので控えましょう。

一方で、仕事では内容によっては「こんにちは。」を使っても違和感がない職種もありますが、いわゆる〝ビジネス〟上や社内、取引先との挨拶としては「こんにちは。」は軽すぎます。社内では竹の「おつかれさまです。」、取引先や社外の方に対しては松の「お世話になります。」がふさわしいでしょう。

［気遣い・心配り］

# 心地良さを聞く

心地良いかどうかを尋ねるのは、
心配りであるとともに、
雑談力を高めるテクニックです。
このひと言で
コミュニケーションを深めましょう。

梅

## 寒く／暑くない？

竹

## 寒く／暑くありませんか？

松

## お寒く／お暑くございませんか？

### 使い分けテクニック

天気の話と同様に、当たり障りない話題は、話のきっかけとしてコミュニケーションを取り合うことができ、そのあとに続く本題の会話をスムーズにします。

梅は友人や家族など親しい間柄で、竹は目上の方や仕事関係で、松はさらに敬意をはらいたい方に使います。

いずれにしても、聞いたからにはそのあとの行動も必要です。返答次第で温度を調節する、してもらうなどの行動をとりましょう。

また、「お寒う（おさむう）」「お暑う（おあつう）」など言い方を、奥様方から聞いたことがあるかもしれませんね。山の手言葉です。大人感や上品さをアピールできるフレーズです。

［お願い］

# エアコンをつけてほしいとき

必要でないかもしれないことを自分の都合でお願いするときはどこでだれに頼むのかがポイント。周囲の様子を見て、使い分けましょう。

梅

**暖房／冷房をつけてくれる？**

竹

**暖房／冷房をつけてください。**

松

**暖房／冷房をつけていただけませんか。**

## 使い分けテクニック

梅と松は、自分が必要としてだれかに暖房／冷房をつけてほしいとおねがいする場合に使います。梅は親しい間柄に使い、松は梅を丁寧な言い方にしたものです。竹はその2つとは少々違い、印象はずいぶん上から目線に感じます。これは、だれかの要望を受けて、別の人にエアコンをつけさせるときに使うのがふさわしいでしょう。

いずれにしても、お願いをする場合に大切なのは最初につける〝クッション言葉〟です。「**悪いけど、**」「**お手数ですが、**」「**申し訳ありませんが、**」などを最初につけると、相手も快く対応してくれるでしょう。また、申し訳なさそうな声のトーンで言うのもひとつのテクニックです。

## ご高覧ください。

立場が高い方に対して、見てほしい物があるときに使います。「**ご覧ください。**」よりさらに丁寧な表現になっています。

## ご一報ください。

納期や日程などなんらかのことについて連絡してほしいときに。「ご」をつけることにより自分自身をへりくだることができ、丁寧な表現になります。

## ご査収ください。

上司や取引先などへ資料をメールや郵送で送るとき、内容をしっかりと確認してほしい旨をお願いするフレーズです。

## お取り成しください。

うまい具合に取り計らってほしいときに。「取り成し顔」という、ある事象についてうまいことおさめる態度を表す言葉もあります。

## お運びください。

特に取引先や目上の人に来ていただきたいときに。「**足をお運びください。**」や「**ご足労願えますか。**」も同様に使うことができます。

## お汲み取りください。

あなたの考えなどを他人に理解してほしいときに丁寧に伝えることができます。「わたくしの考えを理解してください。」という表現は率直すぎるため印象が悪くなる可能性があります。

［お願い・依頼］

# お茶がほしいとき

細かなことを指定しないこともお願いするときのテクニック。この場合は、フレーズ選びとともに心配りも必要です。

梅

・お茶ある？
・お茶もらえる？

竹

お茶ください。

松

お茶をいただけますか？

## 使い分けテクニック

梅は自宅にいるときに家族に頼む場合以外はあまり使わないかもしれません。ひと昔前なら、会社で上司が女子社員にお茶を頼むときにこのフレーズを使ったかもしれませんが、いまやパワハラと言われたお願いは、そういっかねません。

一般的なお願いをするなら竹を、それをより丁寧に言う場合は松を使いましょう。同じレストランでも、ひとりで食事しているときなら竹、会食なら松と、TPOを見きわめて使いましょう。

いずれにしても、だれかに頼むわけですから、お茶の種類や熱さなどを細かく指定したり、今すぐなどと急がせたりするのはやめましょう。相手の負担を大きくしない心配りが必要です。

応用編　〝お茶を出す／出される場面で〟

その一

## お茶をどうぞ。

会議や接客においては、その進行の妨げにならないこと、会話に水をささないことが大事です。小声で素早く「どうぞ。」だけでもいいでしょう。一般の家庭なら「**粗茶ですが。**」を添えると丁寧です。

その二

## もう一杯いかがですか。

相手の飲むスピードを見ておかわりをすすめるべきか否か空気をよみましょう。暑い日や飲むスピードが早かったときには、早めにすすめる気遣いも必要です。

その三

## いただきものですが、どうぞお召し上がりください。

お菓子をすすめる際、お茶同様「どうぞ。」だけでもいいですが、「**中村の東京土産ですが。**」など、それがどんなお菓子なのかを説明すると、食べる楽しみも増すものです。出す相手が持参してくれたものなら「**お持たせですが、ご一緒にいかがですか。**」とひと言添えましょう。

その二

- **次の予定がございますのでこれで。**
- **長らくお引き留めして申し訳ありません。**
- **本日はありがとうございました。**

相手にそろそろ引き取ってほしいとき、なかなか言い出しにくいものです。社内や身内の人に対しては、前者を使って率直に伝えてもかまいませんが、社外の人に対しては失礼になる可能性があります。3つ目の例文は、今日来てくれたことに対して感謝をすることによって、すべての用事を終えたことを暗に示しています。

［コミュニケーション］

# 感心したとき

人をほめるときには、言葉を間違えるとあなたの方が偉そうに見え、印象が悪くなります。せっかくの気持ちを台無しにしないフレーズをおさえておきましょう。

梅

**さすが！**

竹

**さすがですね！**

松

- **さすがでございますね！**
- **さすがでいらっしゃいますね！**

## 使い分けテクニック

感心したときには、「**感心しました。**」と直接的に表現するよりも「さすが。」という言葉で表現したほうが、より相手に伝わりやすくなります。梅から松に向かって丁寧度がアップします。相手を選んで使ってください。

ただし、「さすが」は連発することで嘘っぽくなったり、嫌味な印象をもたれる恐れがあります。適度な頻度で使うことをおすすめします。

また、「さすが、松田さんはスピードが違いますね。」など、相手の名前を入れると説得力が増します。

「さすが」のほかにも、感心したとき、ほめるときに使えるフレーズはたくさんあります。次ページのフレーズを覚えて、ほめ上手になってくださいね。

応用編 〝使ってみたいほめ言葉〟

その一

## 彼は目端が利くから安心だね。

目端とは、物事の本質を素早く、しっかりと見抜くこと。これができる人は、事情に応じて対応ができる人。安心して任せられます。

その二

## これを選ばれるなんて、お目が高い！

あなたより立場の高い人に対して使いましょう。たとえば、お客様がある物を選んだときなどに使うと気分を良くさせることができます。

その三

## さすが、玄人はだしですね。

玄人は専門家の意味。玄人が裸足で逃げるほどすごいという意味のことわざです。専門家を超えるような優れた能力の人に対して使います。

その四

## 打てば響くようなご対応、ありがとうございます。

打てば響くとは、反応がとても素早いこと。受け答えや連絡の返信やお願いしたときの対応が早い相手方に対するほめ言葉です。

その五

## 素晴らしいご活動に、頭が下がります。

「頭が下がる」は、自分と同等、または後輩に対して、自分より優れていることに敬服する気持ちであることを伝えたいときに使います。

［コミュニケーション］

# 子どものかわいらしさをほめる

子どもをほめることは、子どもよりも親や身内が嬉しいもの。見た目だけでなく、動作や表情など、良いところを見つけたら、素直にほめましょう。

梅

かわいいね～。

竹

とてもかわいらしいですね。

松

かわいらしいお子さんですね。

## 使い分けテクニック

お子さんを持つ親御さんにしてみたら、子どもがほめられれば素直に嬉しいと感じるでしょう。お子さん連れの方と会ったときの挨拶代わりに交わす言葉としては最高のフレーズです。

梅は、見た瞬間に心の底から発する言葉なら、短くてもこのひと言で十分に気持ちが伝わります。

竹と松は、親御さんと一定の距離がある関係の場合に使う、少し丁寧な言い方です。

「**お父さん似で**」や「**目がパッチリしていて**」など、どんな風にかわいいかを付け加えるとよりいいでしょう。

これも、ほめ言葉ですから、言いすぎは不快感を与える可能性がありますので、注意しましょう。

［コミュニケーション］

# 似合っていることをほめる

ファッションをほめるのも一種のコミュニケーションのテクニックです。からかっていると取られないようなフレーズでほめてあげましょう。

梅

似合ってるね。

竹

とてもお似合いですね。

松

着映えがしますね。

使い分けテクニック

「そのワンピース、よく似合ってる」という言葉が簡単に出てくるようなほめ上手な欧米人に比べ、日本人はなかなかファッションなどをほめることは少ないかもしれません。でも、これもコミュニケーションのきっかけとなるフレーズです。

梅は親しい間柄で使えるフレーズ、竹はそれを丁寧にしたもの。松はそれらとは少し異なり、「着映えがする」とは洋服も立派に見えることも含まれています。

竹は一般に使うほか、洋服店で試着したお客様に対して店員が使うフレーズとしても最適です。

ほかのほめ言葉同様、これもほめすぎは不信感や不快感を招きます。

［コミュニケーション］

# ほめられたときの対応

ほめられて照れてしまい、
なにも返事ができなかった……
なんてことはありませんか？
簡単なフレーズで
嬉しい気持ちを返しましょう。

梅

・ありがとう。
・ありがとうございます。

竹

嬉しいです。

松

・恐縮です。
・恐れ入ります。

**使い分けテクニック**

だれかにほめられたとき、相手にかかわらず梅、竹、松のどのフレーズを使っても問題ありません。

とはいえ、親しい人へ松の「**恐縮です。**」や「**恐れ入ります。**」と返すのでは、他人行儀すぎる印象があります。その場合は梅や竹を使いましょう。梅と竹両方を重ねて、感謝の気持ちと嬉しさの両方を表現すれば、より印象が良くなります。

「恐縮です。」や「恐れ入ります。」は、ほめられて恐れ多いことを表現するものです。大人の対応としては最適ですが、自分の嬉しい気持ちを付け加えることで、相手との距離が縮まったり、印象が良くなったりすることもあります。

応用編 〝ほめられたときの対応〟

その一

## もったいないお言葉です。

自分の立場をわきまえていることが伝わり、謙遜していることを示すことができます。ほめられるほどのことではないと感じたときにも使えます。

その二

## おほめいただきありがとうございます。

このフレーズは、純粋にほめられたことに対してお礼を言う表現です。謙遜する必要があるときには「**おほめいただき、恐縮です。**」と言いましょう。「おほめいただき」以下のフレーズは自由に組み合わせることができます。

使ってみよう、賢語フレーズ

- **冥利につきます。**
- **そのようなお言葉を頂戴し光栄です。**
- **滅相もございません。**

これ以上の喜びはないほど嬉しいときに使う表現です。冥利とは神仏から与えられる利益や善い行いに対する幸福のことです。現在では、人から受けることでも使われるようになりました。どんな冥利につきるのか、たとえば教師や編集者などを文頭に入れて言うこともできます。

「**お会いでき光栄です。**」のように、ほめられたときに返す言葉としても「光栄です。」を使うことができます。

「滅相もない」は、とんでもないということを意味します。相手の言葉を否定する意味合いがありますが、ほめられるまでのことをしていないという気持ちを相手に伝えたいときに使うといいでしょう。

［挨拶の表現］

# お稽古事の先生にご挨拶

お稽古事や塾の先生は、弟子や生徒にすれば唯一無二の存在です。それゆえに、最初のご挨拶はこれに尽きます！

梅

**本日もご指導よろしくお願いいたします。**

竹

**本日もご指導よろしくお願いいたします。**

松

**本日もご指導よろしくお願いいたします。**

使い分けテクニック

お稽古事の先生や塾の先生、つまり師匠にあたる方には、自分がその相手の方より年齢が上であっても、教えを乞う側として敬語を使うのが大前提です。

です／ますでも問題ありませんが、「いたします」という謙譲語を使うことにより丁寧さが増し、お稽古の先生に対する敬意を表すことができます。

まずは基本の挨拶である「**おはようございます。**」や「**こんにちは。**」を言ってから上記の表現を活用しましょう。明るく元気に挨拶することによりお互いが良い雰囲気でお稽古を始めることができるでしょう。それによってお稽古の成果がより大きくなるかもしれませんよ。

# さまざま存在する DEEPな敬称

「脇付」をご存知でしょうか？　手紙などで、特に相手に敬意を表したい場合に使われます。たとえば、医師同士の紹介状ではよく「御侍史」や「御机下」が使われています。

脇付を書く際は、宛名の左下に書きます。同僚には「尊下」、父母には「膝下」。また、組織の宛名に使う「御中」も敬称であり、正確には脇付の一種です。

二人称の敬称について、手紙のなかで相手を呼ぶ場合には、相手が目上の男性なら、最も一般的なのが「貴殿」です。親しい目上の男性には「貴兄」、同等や目下の男性に対しては「貴下」「貴公」「貴君」という敬称を使います。

女性の場合に一般的なのは「貴女」です。自分より年長の女性には「貴姉」、未婚の女性には「貴嬢」とする場合もあります。

仕事で相手の役職を敬って「貴職」という敬称を使うことがあります。しかし本来、この「職」は「官職」のこと。「小職」の「職」も同様で、小職は自分の職業を意味する言葉なので、これを使えるのは公務員のみです。

また会社を指す場合には「御社」「貴社」、住居を指す場合は「尊宅」「貴邸」などといった呼び方も頭の片隅に置いておきましょう。

［挨拶の表現］

# お稽古事が終わったとき

お稽古事の最後は、
疲れているのは先生も同じ。
明るく元気に、
感謝の気持ちを伝えて
すっきり終わりましょう。

梅

ありがとうございました。

竹

本日もご指導いただき
ありがとうございました。

松

次回もどうぞよろしく
お願いいたします。

## 使い分けテクニック

お稽古をつけていただいたことに対する感謝の気持ちはシンプルに梅の「ありがとうございました。」で伝わります。

お子さんなら、そのひと言で十分かもしれませんが、大人が言う場合には、「ご指導いただき」をつけてより具体的で丁寧なフレーズにし、また次回もお世話になる旨を伝え、「**失礼します。**」と言ってお稽古場から退出するのがスマートです。

塾も同じです。授業が終わったお子さんは、先生との親しさもあるので梅のひと言でも十分ですが、親御さんがお迎えに行った場合などは松のフレーズがふさわしいでしょう。感謝の気持ちを表す笑顔も忘れずに。

# 丁寧な代名詞集合！

人称代名詞を中心に一覧表を作りました。いつでもどこでも引き出せるように、ストックしておきましょう。

| | |
|---|---|
| 父 | お父様・御父上様・父君様・御尊父様 |
| 母 | お母様・御母上様・母君様・御尊母様 |
| 両親 | 御両親様・御両所様 |
| 祖父 | 御祖父様・御祖父上様・祖父君様・御隠居様 |
| 祖母 | 御祖母様・御祖母上様・祖母君様・御隠居様 |
| 夫 | 御主人様・御夫君様 |
| 妻 | 奥様・御奥様・奥方様・令夫人様 |
| 息子 | お坊っちゃま・御子息様・御令息様（御長男様） |
| 娘 | お嬢様・御息女様・御令嬢様（御長女様） |
| 子 | お子様（お子様方） |
| 兄 | お兄様・御兄上様・兄君様（御長兄様） |
| 姉 | お姉様・御姉上様・姉君様（御長姉様） |
| 弟 | 弟様・弟御様 |
| 妹 | 妹様・妹御様 |
| 孫 | お孫様・御令孫様 |
| 家族 | 御家族の皆様・皆々様 |
| 友達 | 御友人（御親友・御学友・御級友） |
| 会社 | 御社・貴社 |
| 商店 | 御店・貴店 |
| 意見（考え） | 御高見・貴見・貴説・貴慮・貴意 |
| 気持ち | 御芳志・御芳情・御厚志・御厚情 |
| 名前 | 御姓名・御芳名・御尊名・貴名 |
| 家 | お宅・貴宅・御尊宅・貴家・御尊家 |
| 手紙 | 御書状・御書簡・御書面・御状・貴書・御芳書・尊書・尊札・貴簡・尊簡 |

[確認]

# 出欠の確認と返事

会議や集会、勉強会、飲み会など出欠を確認するシーンでは、参加者の気分を損ねてしまうような失礼な言い方は厳禁です。聞き方も答え方も配慮が必要です。

梅

**参加する?**

竹

**参加しますか?**

松

**参加のご予定でよろしいですか?**

## 使い分けテクニック

参加の有無を確認するときにしてはいけないポイントがあります。それは、「**欠席しますか。**」と否定文のフレーズにしてしまうことです。相手方に来てほしくないのかなと感じさせてしまう可能性がありますので気をつけましょう。

梅はカジュアルなので、友人同士の集まりなどはこれでOK。竹では「~しますか?」を使うことで丁寧な表現になっています。先輩に対して使うといいでしょう。松では、上司など立場が上の方に使います。

相手が悩んでいるときには「**参加していただけると嬉しいです。**」や「**盛り上がります。**」など、相手方がいる必要の理由をひと言伝えましょう。

使わないで！

NG

フレーズ

## あの……、すみません。参加できないかもしれません。

断りにくい場合、声が小さくなり、語尾がはっきりしなくなりがちですが、断るときこそしっかり相手に伝えることが必要です。このフレーズのNGポイントは、まず謝罪がしっかりできていないところです。「あの……、すみません」は消極的な言い出し方で、どんな場面でも推奨できるフレーズではありませんが、特にこの場合では相手に謝罪の気持ちは伝わらず、本当に申し訳なく思っているのかと疑われてしまいます。また、「かもしれない」と語尾を濁しているのもよくありません。出席か、欠席かがはっきりせず、相手側に迷惑をかけてしまうことになりますよ。

NG

## 誠に申し上げにくいのですが、本日は参りません。

上司であっても軽い誘いに対して「誠に申し上げにくい」というのはおおげさに聞こえます。きわめて重要かつ相手に不利益が生じるような場合に使うフレーズです。上司や目上の方に対して常に最上位の敬語を使えばいいというわけでなく、用件の重要度や上司の雰囲気など総合的に考えて使いこなしていく必要があります。敬語を使っていてもおおげさに聞こえると敬意を感じてもらえない場合があるので気をつけましょう。また、「参りません。」はNGです。「伺えません。」の方が丁寧な表現になるのでこちらを使いましょう。

NG

［質問］

# ○○に行くのか尋ねる

「行く」の活用はシンプルですがマストでマスターしたいフレーズです。「言う↓おっしゃる」「見る↓ご覧になる」などとともに、相手によって正確に使い分けましょう。

梅

**熱海に行くの？**

竹

**熱海に行くんですか？**

松

**熱海にいらっしゃるのですか？**

使い分けテクニック

目的地がわかっている場合、一番カジュアルな言い方が梅ですが、友人、家族、また会社の後輩に尋ねる際に使いましょう。それ以外に会社などオフィシャルな場面で使うフレーズではありません。

会社の同僚や知人、年の近い先輩でしたら竹のフレーズを、それより目上の方の場合には松のフレーズがいいでしょう。

松の「いらっしゃる」の代わりに「**お出かけですか。**」と置き換えて使うこともできます。後者の方が、より日常感のなかに丁寧さが取り入れられたイメージなので、会社よりもプライベートなシーンで使ってみるのがいいですね。

［お願い・依頼］

# ボールペンを借りたいとき

ちょっとした物を借りたいときは
だいたいが急いでいるとき。
そんなシーンでも
印象を悪くせずに頼めるフレーズを
おさえておきましょう。

梅

・ペンある？
・書くものある？

竹

ボールペン貸してください。

松

ボールペンをお借りできますか。

使い分けテクニック

梅の「ペンある？」「書くものある？」は、家族か親しい友人の間でしか使わない、きわめてカジュアルな言い方です。同僚などに頼むとき、またコンビニや郵便局、カフェなどでは「ボールペン貸してください。」と少し丁寧に、かつストレートに言う方がいいでしょう。その場合は「**すぐに返しますので。**」とひと言添えると相手に安心感を与えることができます。

上司と出かけた際に、うっかりペンを忘れてしまったら、「お借りできますか。」を使いましょう。もし取引先のお客様など社外の人が同席している場合は、「**お貸しいただけますでしょうか。**」などの最高に丁寧なフレーズは不自然です。

［コミュニケーション］

# 相手の言動に腹が立ったとき

立場が上だからといって、すべてが許されるわけではありません。それに対応して感情的になると、逆に損をするのはあなた。大人の対応を心がけましょう。

梅

**それはないいんじゃやない！**

竹

**それは失礼ですよ！**

松

**いくら○○とはいえ、失礼だと思います。**

## 使い分けテクニック

相手の言葉や行動に怒りを覚えたとき、友人同士なら梅のように、ストレートに感情を表現してもいいでしょう。かえってその方が早く解決するかもしれません。竹は、いいですが、相手の気心が知れている場合はいい人に言ってしまうと、けんかに発展しかねません。

また、上司や先生など目上の人から失礼な言動を受けた場合は松で対応しましょう。「いくら○○とはいえ」の○○を上司や先生と置き換えてください。このひと言で自分の立場を忘れていないことを示し、謙虚さを失わずに指摘することができます。しかし、相当失礼な場合は竹を使うのもいいでしょう。

〔コミュニケーション〕

# 自分の非を認める

仕事ができるかどうか、プロかどうかは、ミスのあとのひと言が重要です。ミスを大事なく終わらせるフレーズを覚えておきましょう。

梅

**すみませんでした。**

竹

**申し訳ありませんでした。**

松

**この度は、大変申し訳ありませんでした。以後、二度と同じような間違いをしないよう、細心の注意をはらってまいります。**

使い分けテクニック

梅は火に油を注ぐパターンで、竹は社交辞令でマニュアル通り。先輩や上司、お客さんが知りたいのは、「以後」「今後」、どのような心がまえで対応していくかです。言い方次第では、梅と竹は「**逆ギレですか？**」と問われてしまうフレーズでもあります。

そうならないように気をつけることは①気持ちを込めて、身体全体で謝罪を伝える、②マニュアルトークだけでなく、心から反省をする、③以後、再発防止に全力で務めるが3大ポイントです。

ここまで謝罪すれば、許してくれない先輩、上司はいないでしょう。先輩たちも同じようなミスをしてキャリアを積んでいるのですから。

［注意］

# 相手の失態を注意するとき

相手がだれであれ、
印象も雰囲気も
悪くしないようにしつつ、
今後同じことがないように
注意できるといいですね。

梅

次は注意するように。

竹

今後はこのようなことがないよう、注意してください。

松

以降、このようなことがございませんよう、ご注意願います。

使い分けテクニック

梅では、相手方に強く注意を促したいときに適しています。上司から部下へ、先輩から後輩へ。場合によっては同僚にも使うことがあるかもしれませんが、同僚と個人的に話すようなら、もっとやわらかい言い方のほうがいいでしょう。

竹と松は、言いだしにくい上司や目上の人に注意をお願いするフレーズになっています。梅よりマイルドな注意喚起の表現です。

特に松では、「ないよう」という表現を「ございませんよう」と丁寧な表現にすることで、威圧感を軽減させています。たとえば取引先の支払いが遅れてしまったときなど松を使って注意を促すといいでしょう。

**ぶしつけですが、こちらの書類には不備があるようです。**

「ぶしつけ」とは、礼儀などを欠くことを示し、無礼なことをしてしまったり、言ってしまう可能性があるときに使います。例文は、重大な失態ではありませんが、上司や目上の人に対して間違っている部分を指摘する状況です。年配の方のなかには不快に感じる人もいますので、あらかじめ断りとして「ぶしつけ」を使用しています。

**添付されていないようですので、恐縮ですが、再送していただけませんでしょうか。**

添付ファイルを忘れて送信してしまううっかりミス、みなさん経験があると思います。大きなミスとは言えませんが、印象が良くなることはありません。この例文のポイントとしては「〜のようです」と断定して述べていないところです。目上の方に指摘をするとき、印象を悪くしたくないのであればあなたが悪くなくても丁寧かつ、謙遜して指摘するほうがいいでしょう。

**生意気な言動で大変恐縮ですが、先ほどのお話の内容には間違いがあると思います。**

同じ内容提案や指摘であっても表現次第で、アドバイスを受け取ってくれるのか、それともあなたへの印象を悪くしてしまうのか大きく変わります。例文のように、失礼な態度かもしれないことについて、丁寧に断りを入れることで、印象を悪くすることを抑えることができます。

〔コミュニケーション〕

# アドバイスをするとき

あなたがサポートしたいと思っても、正しいフレーズを使わなければ相手を不愉快にさせてしまいます。アドバイスを無駄にしないためにもしっかり確認しましょう。

梅
・パソコンで調べてみよう。
・調べてみたら？

竹
中村さん、パソコンで調べてみませんか？

松
中村さま、パソコンで調べてみてはいかがでしょうか？

使い分けテクニック

梅では、友達や後輩に対して使う表現です。「～してみよう」という表現は相手に何かを促すことのできる言葉です。命令のように聞こえず印象良く相手に伝えることができます。

竹と松は立場の高い人に対して使う表現です。上から目線でアドバイスをされていると相手に感じさせてはいけません。そのためには、冒頭に名前をつけることがポイントです。松のケースでは、「いかがでしょうか」を使うことで提案型のフレーズになり、より謙虚さが加わり、相手を不愉快な気持ちにさせません。

例文以外のフレーズとしては、「**私も最近知ったのですが、**」というフレーズもいいでしょう。

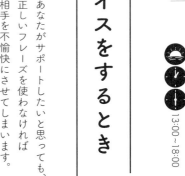

〔お願い・依頼〕

# 援助をしてほしいとき

どうしても自分だけではできずだれかに負担をお願いすることもあるでしょう。そんなときは、相手を不快にさせないフレーズでお願いしましょう。

梅

**手伝ってもらえる？**

竹

**手伝っていただけますか？**

松

**お力添えいただけませんか？**

使い分けテクニック

梅は最も気軽にお願いしているパターンです。事情を知っている友達や家族なら、これでも大丈夫。それがビジネスのシーンとなると、親しい同僚や後輩に限られます。

ただ、会社内の話や業務上のことであるならば、同僚であっても「手伝ってもらえますか？」がふさわしい場合もあります。それ以上に丁寧にしたい目上の人には竹の「いただけますか」を使いましょう。

松の「お力添えいただく」は「手伝ってもらう」の謙譲表現です。例文をさらに丁寧にすると「**お力添えくださいませんでしょうか。**」になり、これによって、より申し訳ない気持ちを表すことができます。

［コミュニケーション］

# 応援する

応援したくても、無責任な言い方や根拠もなく安心感を与えるのは応援になりません。心から応援していることを的確なフレーズで表現しましょう。

梅

・がんばれ!!
・大丈夫だよ！

竹

応援してますよ。

松

うまくいくようお祈りしています。

使い分けテクニック

梅のシーンでは後輩や同期に対して期待している気持ちを伝えることができます。竹では、先輩に対して大変なことに取り組んでいるときに言うことができます。松は、目上の方に会話やメールの最後のひと言としても使うことができます。

他の表現としては、「**陰ながら応援しています。**」「**ますますのご活躍をご祈念申し上げます。**」なども応援のフレーズです。せっかくの応援の気持ちが無駄にならないように注意しましょう。応援は言葉だけではなく気持ちも重要です。笑顔で元気に！　いくら応援の言葉が良くても、気持ちを態度で表せなければ、相手に効果的に伝えることはできません。

## 普段通り、ベストを尽くせば大丈夫です。

プレゼンテーションや人前に立つとき、いつもはしっかり話せる人でもたいがいは緊張してしまうでしょう。そのときに**「頑張ってください。」**や**「期待しています。」**と言って応援するのはNGです。なぜなら、プレッシャーを与えてしまうから。この場合は、相手を奮い立たせるものではなく、落ち着かせるためのフレーズを使って応援しましょう。

## 人事を尽くして天命を待てば、きっと勝利の女神も味方しますよ。

「人事を尽くして天命を待つ」はことわざです。この意味は、今まで努力をしてきたのならあとは神様に任せ、結果を焦らず、流れに任せるということです。励ます相手ができる限りの努力をしたけれども、なお不安に思っているときにかけるといいでしょう。

## 合格後の自分をイメージして楽しみましょう。

資格試験や昇進試験など、合否がはっきりと出る場合、テスト直前はわからないものが出たらどうしようと不安な気持ちになりがちです。そこで、このフレーズを言ってあげましょう。そのことによって、相手は楽しいことを考え出しポジティブな気持ちで試験に臨むことができるでしょう。ネガティブなままではうまくいくものも失敗してしまいます。

［お願い・依頼］

# お願いしたいとき

お願いするときには
「上から目線」はNGです。
必ず、相手の気持ちに寄り添い、
「下から目線」での
コミュニケーションを心がけましょう。

梅

〇〇、よろしく！

竹

すみません、
〇〇をお願いします。

松

お手数ですが、〇〇を
お願いできますでしょうか。

## 使い分けテクニック

依頼やお願いをするときのポイントは相手にやりたくないという気持ちを抱かせないことです。

梅→竹→松と進むにつれてお願い・依頼する内容が重いものになり、また相手方が親しい人からビジネス関係の人へ変化していきます。

竹と松には、最初にクッション言葉が入っています。竹では「すみません、」程度でいいですが、松では「**お手数ですが、**」のほかに「**ご面倒をおかけいたしますが、**」や「**恐れ入りますが、**」などを使うと、効果的に相手にお願い・依頼をすることができます。

クッション言葉は、いつでもどこでもだれでも使え、相手もキャッチしやすくなる万能フレーズです。

お手数ですが、この書類にお目通しいただけますでしょうか。

「お目通し」は「見る」行為ですが、尊敬、丁寧、依頼の意味が含まれています。言葉の最後の「〜でしょうか」はソフトな印象を与えます。

例の案件、ぜひお聞き届けいただきたくお願いいたします。

「聞いてください」に比べ、「聞く」＋「届ける」では丁寧さやお願いの深さがダイレクトに伝わります。「下から目線」の効果的な賢語です。

差し支えなければ、こちらをお使いください。

「差し支えなければ」は「もしよかったら」よりも、丁寧な印象を与えます。仕事のできる人が使う言葉で、まさに賢く見られる賢語の王道フレーズです。

明日までに納品していただけますよう、切にお願いいたします。

「切に」は、大切、切実など「心を込めて」「身にしみて強く感じる」意味を示します。メッセージの送り手の懸命さが伝導するひと言です。

お手すきの際に、ご覧いただけましたら幸いに存じます。

失礼な印象になりやすい「**お暇でしたら、**」や「**お時間がありましたら、**」に比べ、「お手すきの際に、」は相手の立場を考慮した魔法の言葉です。

［確認］

# 確認する

シンプルなフレーズも、
丁寧度合いが変わると
文中の単語も変化します。
単純な法則を
賢く使いましょう。

梅

**これでいい？**

竹

**これでいいですか？**

松

**こちらでよろしいでしょうか？**

## 使い分けテクニック

いいかどうかを確認する場合、内容がシンプルだけに、その使い分けもシンプルです。しかし、その丁寧度合いが変わると、文中の単語を変えてバランスを取る必要があります

それぞれの文頭に入っている「これ」と「こちら」。英語では「This」でまとめられますが、日本語では丁寧に話したいときやビジネスのシーンでは、「これ」を「こちら」に変化させて使用することで、より社会人らしいスマートな表現になります。

松はより丁寧な表現です。最近はこれを「こちらでよろしかったでしょうか？」と言う人が多々見受けられます。これは正しい表現ではないので注意しましょう。

〔お願い・依頼〕

# 催促する

急いでいるときは、イライラの感情が相手に伝わりやすいもの。ニュートラルな感情にリセットするのは難しいので、ニュートラルに話しましょう。

梅

〇〇急いでください。

竹

すみません、急いでもらえますか？

松

恐縮ですが、先日の件、いかがでしょうか？

使い分けテクニック

上から目線で言える間柄なら、梅。そうはいっても、ビジネス上の礼儀は欠かせませんから、そのような場合には竹のフレーズの方が適切です。

面倒なのは、自分よりも立場の上の人や取引先などの人に対して催促のお願いをすることです。一方では相手を不快にさせてはいけない、もう一方ではそれでも早くやってもらわないと困るという矛盾が生じるからです。

その場合には、松のように「いかがでしょうか？」と、まずは進捗状況を尋ねる表現を使うことで、ストレートに言うよりも相手方に不愉快な思いをさせなくて済みます。その結果スムーズに物事が進む可能性が大きいので、賢く使い分けてください。

［コミュニケーション］

# 断るとき

友人関係はもちろん、ビジネスシーンでも断わり方を誤ると、次から誘われなくなる恐れがあります。申し訳ない、残念だという気持ちを伝えるようにしましょう。

梅

## ごめん、遠慮しとく。

竹

## すみません、遠慮させてください。

松

## 申し訳ありませんが、遠慮させていただきます。

使い分けテクニック

断る際、はっきりと「**お断りします。**」と告げるのは、とてもぶしつけで、強い意志を感じさせます。その点、日本語には「遠慮する」という便利な言葉があります。そもそも言動や行動を慎み控える意味があり、「断る」よりもやわらかい印象で断ることができます。ぜひ使ってください。

友人同士の飲み会など気楽な誘いを断るときなら梅でOK。それより少しかしこまった誘いは竹で、さらに目上の方からのお誘いには、丁重に松のように断りましょう。そして、「**すみません。**」や「**申し訳ありません、**」などのフレーズや、「**次回を楽しみにしております。**」などと付け加えると、コミュニケーションがうまくいきます。

## またご縁がありましたら……

このフレーズは断定的に断っているわけではありません。人との関係性ならまた会うかどうかわからない、さほど会いたいと思わない場合、何かのお誘いならあまり参加したくない場合、仕事ならあまり受けたくない場合など、当たり障りなく断る場合には便利なフレーズです。就職活動の面接後に「では、ご縁がありましたらまた」のように使われることもあります。前向きな返事をしたい場合は、このフレーズを使わないように気をつけましょう。

## ご確認いただければ返信はご無用です。

**「返信は必要ありません。」**とはっきりお断りを入れると、相手に距離を感じさせてしまいます。このフレーズであれば、返信の手間を省こうとする気遣いを感じさせます。さらに丁寧にするためには「**ご心配な点がございましたら、ご連絡ください。**」と、連絡しても大丈夫であることを加えておけばと配慮を感じる内容になり好印象を持ってもらえるでしょう。

## また次の機会にお願いします。

特に相手を不愉快な気分にさせることなく断ることのできるフレーズです。しかし、もう二度と誘ってほしくないときには適していません。言葉通り、次に誘ってくださる可能性があるためです。現在、一般的にはこのフレーズはその場しのぎで軽く断ることのできるものになっています。上司に対しても使えます。知人には「**またの機会に。**」のように活用することができます。

［質問］

# 質問したいときの話し出し

いくら質問したいからといって、いきなり本題に入るのでは、とてもぶしつけです。まずは、相手が質問を受けられる状況かどうか尋ねることが必要です。

梅

**すみません、**

竹

**お時間よろしいですか？**

松

**お尋ねしてもよろしいでしょうか？**

## 使い分けテクニック

梅の「すみません、」で切り出すと、たいがいは「これはどういうことですか。」と続いて質問できてしまうパターンです。ひとつの方法ですが、相手が忙しそうにしているときには、このパターンは遠慮しましょう。

一方、竹と松ではいったん相手側に「よろしいか」と尋ねている分、特に松では「よろしいでしょうか？」としている分、丁寧です。また竹では時間を、松では質問の可否を尋ねていますので、様子を見て使い分けましょう。

上司や立場の高い方には「**質問よろしいですか？**」や「お尋ねしてもよろしいでしょうか？」の前に「**恐れ入りますが、**」というフレーズ入れることで謙虚さを表すこともできます。

〔コミュニケーション〕

# 控えめな話し出し

「貸したＤＶＤを返してほしい」
「本当の病名を伝えなければ……」
「隣りの犬の鳴き声がうるさい」
「入籍を両親が反対している」
こんなときは、控えめな話し出しで。

梅

**ちょっと話しにくいのですが……**

竹

**余計なことを申し上げるのですが、**

松

**このようなことを申し上げるのは大変心苦しいのですが、**

使い分けテクニック

梅は、友人や仲間、身内に対して、ソフトなフレーズで可もなく不可もなく。これで問題ないでしょう。

竹は、ちょっと後ろに引きながら、言わなければならない、申し訳ない、という控えめで謙虚な気持ちがにじみ出ています。上の年代の人や距離を感じる人へのベターフレーズです。

松は、「伝える方も苦しいけど、聞く側はもっと苦しい」というのを醸し出している言葉ですね。両者が同情し合うようなハードな会話内容が推測されますが、１０８ページでもアドバイスしたクッション言葉と同様に、このような前置きがあるかないかで、その後の会話内容の受け止め方がずいぶん変わってきます。

〔お願い・依頼〕

# 教えてほしいとき

教えてほしいときの相手は、学校の先生、親兄弟、仕事の先輩、上司などが多いでしょう。お願いフレーズの選び方ひとつで相手の教え方も変わります！

梅

**教えてくれる？**

竹

**教えていただけますか？**

松

**申し訳ありませんが、ご指導いただけないでしょうか。**

## 使い分けテクニック

梅は、友人や同僚、または年下、後輩にも違和感のない言葉です。年上、上司にはあり得ない言葉です。

竹は、謙虚さや誠実さを感じさせるフレーズで丁寧な言葉遣いになっていますので、相手も丁寧にアドバイスをしてくれるでしょう。大学の講師をして20年ですが、学業が優秀、あるいは就職活動のコミュニケーション能力があるとみられる内定者の言葉遣いだと思います。先生や面接官へも好感度アップになるでしょう。

20代後半～30代になると、さらにその上をいきたいところ。松はMVPベストフレーズ。指導する立場の側も背筋が伸びる、ほど良い緊張感を与える言葉選びです。

**来週の作業について、ご教示いただけると大変助かります。**

「教示」は物事を教えてほしいときに使いますが、教えてほしい物事が学問のように専門的なものではないことに対して使います。専門的なことを聞きたいときには「**ご教授ください。**」というフレーズを使います。似ていますが気をつけて使い分けましょう。

**来週の発表会にむけてご指南くだされば幸いです。**

「指南」は、知識を尋ねるのではなく柔道や剣道などの武術や遊戯や芸術について型を教えてほしいときに使います。この言葉やフレーズは口頭よりも書き言葉として使われることが多くあります。メールや手紙の最後のひと言に使うことができます。

**精進してまいりますので、ご指導ご鞭撻のほどお願いいたします。**

「ご指導」とは、指導者がある目的や目標などに向かって導くこと、「ご鞭撻」は鞭打つように強く励ますことを意味します。十分にへりくだったフレーズなので、目上の人から教えてもらえるチャンスを得る可能性が強くなるでしょう。またこのフレーズは、幅広く使うことができ、メールや手紙の最後のひと言にもなります。どのケースにおいても教えてもらったあとはお礼をしっかり言いましょう。

［お願い・依頼］

# 相談したいとき

こちらの都合で相談したいとき
受ける側には
時間をとってもらうので、
失礼のない言い方を
マスターしておきましょう。

梅

## 相談してもいい？

竹

## 相談にのってもらえますか？

松

## ご相談したいことがございまして、お時間を頂戴できますでしょうか。

使い分けテクニック

梅と松は、親しい人に向かって、相談にのってほしいがいいか？と直接的に尋ねるにとどまっています。

松では、相談にのってもらえる時間があるかないかも尋ねているので、より相手に配慮していることがわかります。学生時代の恩師や、これまでにお世話になった目上の人などには松でおうかがいを立てましょう。

また、相談にのってほしい内容については、あらかじめ伝えておくことをおすすめします。事前にお知らせすることで、相手の方に、どんな相談をされるのか？と不安に思わせることもないでしょうし、先に聞いておけば、より良い解決方法を考えていてくれるかもしれません。

## ○○プロジェクトの件につきまして折り入ってご相談したいことがございます。

「折り入って」というフレーズは、真面目に、また特別な頼み事や相談事をしたいときに使うフレーズです。たとえば**「折り入ってお願いしたいことがあります。」**というように使います。**「あの……、相談があります。」**と言うよりも、「折り入って」を前置きにすると、相談か頼みがあるのだと暗に相手に伝えることができます。また、用件は簡潔に尋ねるようにしましょう。それは相手への心遣いです。

## お知恵を拝借できれば幸いです。

「お知恵を拝借する」というフレーズは上司や目上の人からアドバイスをもらうときのフレーズです。NG表現として「ご拝借させていただきます」が挙げられます。「ご拝借」と「いただく」の二重敬語になっているので正しいフレーズではありません。ひとつのフレーズに対して２つの敬語を使っても敬意を高めることはできません。二重敬語を使いすぎることによって教養がない人であると思われる可能性があります。

［コミュニケーション］

# 謝る

13:00~18:00

いくら気をつけていても
ミスや遅刻など、
謝罪することもあるでしょう。
その仕方で、あなたの評価が
大きく変わるかもしれませんよ。

梅
ごめんね。

竹
・ごめんなさい。
・すみません。

松
申し訳ございません。

## 使い分けテクニック

梅の表現は、友達や同僚に対して小さなミスをしたときに使いましょう。たとえば、忘れ物をして物を借りるときや少し遅れてしまったときなど。竹はそれよりも大きいミスに対してや相手が不機嫌になっているときに使いましょう。梅、竹とも、同僚とのたわいない会話以外、基本的にビジネス上では使いません。

ビジネスシーンに適しているのは松の「申し訳ございません。」です。ビジネスの場で「ごめんなさい。」はありえなく、「すみません。」では軽すぎます。仕事上でちょっとした間違いをしたときには「**失礼いたしました。**」も使えるので覚えておきましょう。

## どうか、ご容赦ください。

失敗やミスしたことに対して許してほしいということを伝えることができるのがこのフレーズです。「**本日のご提供ができません。何卒ご容赦ください。**」のように、かしこまったお願いをするときにも使うことができます。

## ご放念いただけますでしょうか。

「ご放念」とは、気にしないでくださいということを丁寧にしたフレーズです。上司や取引先の人に対して「**気になさらずに。**」と丁寧に言っても少しカジュアルさが残りますので、こちらを使いましょう。

［コミュニケーション］

# 反論する

反論をすること自体、言い方も難しいし、勇気もいります。スムーズに受け入れてもらえるフレーズを使いましょう。

梅

でも～、

竹

失礼ですが、

松

出すぎたことを言うようですが、

## 使い分けテクニック

気楽な相手同士なら「でも～、」と言って、全否定から入ってもそれほどは角が立たないかもしれませんが、全否定は相手を不快にし、受け入れてもらえない可能性あります。さりげなく反論するなら、提案する気持ちを持って部分否定にとどめておくことが必要です。竹は、そのパターンです。梅はそのあとに「〇〇のほうがいいんじゃない？」と、竹は「〇〇ではいかがでしょうか。」と自分の意見を続けて言いましょう。

松は、自分が言うのはおこがましいという意味が含まれます。目上の人や年配者に言う場合、松なら恐縮していることを理解してもらえ、相手に不愉快な思いもさせないでしょう。

## 僭越ながら、その案には多くの問題があると思います。

上司や目上の人に対して反論や意見をするときにこの「僭越ながら」をさっと使えるようになるといいでしょう。自分の地位で指摘するには出すぎていることを理解していることに加えて、へりくだっていることを相手に示すことができます。よって、横柄な人であるという印象をおさえることができます。

## 有体に申しますと、成功しないと思います。

「正直に言うと」ということをさらに印象を悪くさせないようにするのが「有体に申しますと」です。物事を正直に伝えなくてはならないシーンがありますが、そこで遠慮なく言ってしまうと悪い印象を与えてしまいます。例文のフレーズを使うことによってかしこまった印象を上司や目上の方に持ってもらうことができます。

## お言葉ですが、こちらのほうがよろしいかと思います。

「お言葉ですが」といきなり上司や目上の方に使うのは相手方への印象が良くないです。まずは相手方の話をしっかり聞き、理解する意思を示す必要があります。いきなり100％否定されて気分がいい人はいません。上司や目上の人に対してはさらに気を遣う必要があります。もしこのフレーズを使う場面があったら、申し訳ないような表情と声のトーンにすることによってかしこまっていることを示すほうがいいでしょう。

［コミュニケーション］

# 誘う

誘うときの会話のキャッチボールはピッチャーのボール次第で相手のリアクションが変わります。相手の立場と自分との関係を考慮してフレーズ選びは慎重にいきましょう。

梅

・今晩、ひま？
・明日、空いてる？

竹

・明日の夜、時間ありますか？
・明日、○○はいかがですか？

松

○○ご一緒したいのですが、明後日のご都合はいかがでしょうか？

使い分けテクニック

ここでは①相手の目線になって会話する、②インパクト&コンパクトに徹する、③目的を明確にした方が相手は楽、がポイントです。用件は仕事のことかプライベートなことか、軽い誘いか大きな目的があるのかなどを、短いフレーズに盛り込めれば、相手も納得して返事をしてくれるでしょう。

梅は明らかに友人関係の誘い方です。竹は少しかしこまっているので、まだ面識が浅い人に使うのがいいでしょう。松は、ビジネスや目上の人に使い、まずはこちらの目的を簡単に言ってから相手の都合を聞くと失礼がありません。誘いの場面は緊張がつきものですが、スマイルを忘れずに会話しましょう。

応用編 〝いろいろな誘いのフレーズ〟

その一

**この〇〇、面白そうだから一緒に行かない？**

自分のワクワク感を伝えるには、シンプルですが、一番効果的なセリフです。メールや電話でも使えますね。

その二

**来月の講演会、行こうかどうしようか迷っているんだよね。**

「誘い＋迷い」が伝わる表現で、「あなたが行くなら私も……」と、相手に背中を押してほしい様子がうかがえます。

その三

**今晩、飲みにいかない？**

同僚、同期、友人、恋人、仲間、後輩などに使うフレーズ。承諾をもらうには、具体的な場所なども伝えるといいでしょう。

その四

**もしよかったら、このイベント、一緒に行きませんか？**

一緒に見に行きたい場面で使いますが、露骨に「余った」「もらった」などを加えるのは不快感を与える原因です。

その五

**最近、ご一緒してませんね〜。**

暗に「ご一緒したい」という本音が示されています。切り返しは、「**そうですね**。**来週末などいかがですか？**」がスマートです。

その六

**話したいことがあるんだけど……。**

相談事や用件、また告白など、ぜひ聞いてほしいという意志を持って伝えているフレーズということを理解しましょう。

その七

**今度のワイン会、参加しない？**

具体的な名称があり、相手も参加の意思表示がしやすい誘い文句です。この切り返しは、「**ぜひ、よろこんで。**」と。

［受け答え］

# 誘われたときのYESの返答

お誘いの返答として大切なことは、YESかNOか、お誘いへの感謝、失礼のないフレーズです。最初からうまくいけば、きっと楽しく過ごせますよ。

梅

・いいよ。
・いいですよ。

竹

はい、わかりました。行きましょう。

松

お誘いありがとうございます。喜んでお供させていただきます。

使い分けテクニック

梅の「いいよ。」は友人や家族間で、「いいですよ。」は敬語ではありますが、竹と同様に、少し上から目線の印象を与えかねませんので、相手を選んで使いましょう。

松の「お供」とはもともと身分制度の厳しい武家社会において、主君に従う者を表す言葉でした。現代では得意先や上司を「主君」に見立て、自分は「従者」であるという表現になり、相手に対する十分な敬意を表すことになるわけです。お姑さんと外出するときにも、「お供させていただきます」と言うと、「時代遅れね」とは言われず、控えめな良い嫁、言葉遣いもきちんとわきまえていると評価され、かなりのポイントを稼げるはずです。

チャプター

Chapter 4

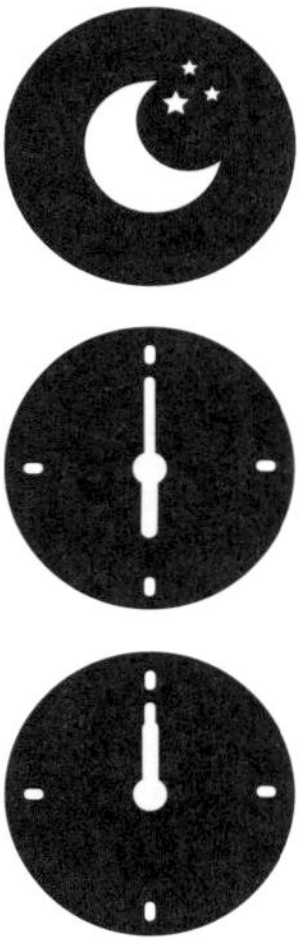

18:00~24:00

18:00~24:00

［挨拶の表現］

# 夜の挨拶

普段のなにげない会話こそ、堅すぎず、やわらかすぎず、程よい温度感の挨拶、コミュニケーションが好まれます。自然体の会話のなかでもキラリ！と光る上品さ、聡明さがにじみ出るものです。

梅

どうも。

竹

こんばんは。

松

夜もすっかり更けてまいりました。

使い分けテクニック

梅の「どうも。」は、いつでも、どこでも、だれでも使える常套句のようですが、仕事の場面では使わない方が賢明でしょう。そもそも深い意味はありませんし、都合のいいフレーズです。「ありがとう。」「すみません。」「こんにちは。」などいろいろな意味がありそうです。

夜の挨拶には、竹の「こんばんは」がシンプルで最適です。相手への気遣い、配慮、季節のひと言など添えると社交辞令な挨拶にならずに、ナチュラルな会話になります。

松は挨拶というよりも、話のきっかけと言えますが、このような言い回しを習得すれば、話し手の株も上がること、間違いなしです。

〔コミュニケーション〕

# 何を食べるか相談する

何を食べるか相談するとき、友人ならさほど気にすることもありませんが、相手との関係性を通して、主導権がどちらにあるかがポイントです。

梅

**何食べたい？私はなんでもOK。**

竹

**この近くの洋食屋でパスタはどうですか？**

松

- **そろそろお昼ですね。何を召し上がりますか？**
- **昼食は何にいたしましょうか？**
- **何になさいますか？**

## 使い分けテクニック

梅は、会話というよりも、なにげない発言というニュアンスです。友人や気の合う仲間ならこれで大丈夫です。プライベートな人間関係なら、このようなフランクな会話で十分ですね。

相手が先輩クラスなら、竹の表現を使いましょう。竹をもう少し丁寧に言い換えると、**「近くの洋食屋のスパゲッティなど、いかがでしょうか？」**と品性が上がります。初対面の場合も竹を使用し、徐々に関係性が深まったら、梅モードにしてもいいですね。

松は、自他との人間関係や距離を見きわめて、「召し上がる」「いたす」「なさる」という敬語を使いましょう。一緒に行く場合に加え、段取りをするときにも使えますね。

[コミュニケーション]

# 予約する

あなたがお客様であったとしても、横暴な言い方はよくありません。あらゆる人に対して丁寧な言葉遣いができるように心がけていきましょう。

梅

**29日に予約を入れてください。**

竹

**29日に予約を入れたいのですが、大丈夫ですか?**

松

**29日は空いていますか?**

使い分けテクニック

梅のフレーズに使われている「~ください」は要求や命令の意味が含まれています。人にとっては威圧的に聞こえてしまう可能性があります。相手方に良い印象を与えるのは難しいでしょう。竹では「~ですか」と相手方に問いかけるフレーズになっています。また、「だが」という言葉を丁寧にした「ですが」があることにより梅よりも印象の良いフレーズになります。松では、まず相手方の事情をうかがうフレーズになっています。日付の目星がつけやすく便利な表現です。

美容院や病院など日付の他担当の人も決まっている場合には「**中村さん/先生は29日空いていらっしゃいますか?**」と尋ねましょう。

コラム

# スムーズにキャンセルしよう

キャンセルするのはお客様都合なので、言い方はどうでもいいと思っている人がいるようです。

しかし、「キャンセルで。」のようにストレートでぶっきらぼうなのは難ありです。ここは落ち着いたスマートな姿勢が求められる場面ですので、このようなシーンの場合、少なくとも「**キャンセルをお願いします。**」と言いましょう。

「**申し訳ありませんが、キャンセルさせてください。**」と言えればなお丁寧です。店側やスタッフ側の気持ちを汲み取ることのできる配慮や心遣いが感じられます。このほかに、「**恐縮ですが、**」「**大変恐れ入りますが、**」など、店側と同等の目線、視線を送れるお客さんは評価が上がり、キャンセルしたとしても次回も歓迎されるお客様であること間違いなしです。

また、店側、スタッフ側も「キャンセル？」というような気持ちを感じさせる返答は、店のマイナスな印象を与えます。受け答えの最後には、「**わざわざお電話いただき、ありがとうございました。**」の感謝の姿勢を示しましょう。

〔対応する〕

# レストランで注文する

レストランやお店で注文するとき、どんな対応をしていますか？
日本は「おもてなし」の国。
食事の相手や、店の雰囲気によってふさわしいフレーズで注文しましょう。

梅
**○○をください。**

竹
**○○をお願いします。**

松
**○○をいただけますか？**

## 使い分けテクニック

梅はやや上から目線、竹は横から目線、松は下から目線ですね。ミラー効果という作用があり、お客様といえども、丁寧な応対で店側と接すれば、スタッフも気持ちよくスムーズに対応してくれるでしょう。きっと食事の時間を楽しく満喫できますよ。

また、クッション言葉も添えるなら、梅では「**すみませんが、**」、竹では「**申し訳ありませんが、**」、松では「**大変恐縮ですが、**」となります。

食事が運ばれてきたときも、無視したり、「**どうも。**」だけを言うよりも、「**ありがとう。**」または「**ありがとうございます。**」と感謝の言葉や、「**美味しかった。**」などの感想を伝えるのがいいでしょう。

# 印象を良くするテクニック

右ページのようなシーンも話し手（お客）の人柄や心情＝本音が言葉に出てしまいます。

「○○に変えてください。」は、お客だから変えて当たり前という気持ちが感じられます。「**○○にしてもらえますか？**」は、変えたいという自分都合でしかないように感じられます。いったん注文したのに変更するときは、「**申し訳ありませんが、○○に変えていただけますでしょうか。**」と言いましょう。

仕事はできるのに、なぜか性格が残念な人は意外に多いものです。「ＯＮはパーフェクト、でもＯＦＦは？？」ではもったいないですね。部下や後輩は、上司や先輩のなにげないひと言を敏感に察します。ここは、丁寧な対応、また横からか下から目線のコミュニケーションで対応したいものですね。

プライベートやデートなどでも、「素敵！ 人間の器が広そう。」と好感度がアップします。

いつ、どこで、だれが、あなたのことを見ているかわかりません。いつも丁寧で謙虚に話す印象の人でも、たった一度の横暴な発言や態度を目撃されるだけで、一瞬にして評価が下がってしまいます。

学校や会社、家庭でもなかなか教えてもらえない、〝いざ！というときの会話テクニック〟です。器の大きな人を見て、真似して盗んで覚えていくといいですよ。

［コミュニケーション］

# 料理をほめる

「美味しい」と感じたら、
それを上手に伝えたいですね。
しかもその場に合わせて！
「美味しゅうございます」と
言えるようになってみましょう。

梅

**美味しいです。**

竹

**美味しゅうございます。**

松

**こんな美味しいお料理は、初めてです。**

## 使い分けテクニック

料理も美味しく、また発する言葉も美味しく、といきたいところです。梅だとそのままですが、どんなところがと具体的に付け加えることによって、作った人や店の人の喜びは倍増しますね。

竹は「～しゅう」をつけることにより上品さ、知的さ、聡明さがアップさせるフレーズです。

松の言い方は、気持ちを込めて伝えることで、相手の感激度は上昇します。気持ちと言葉がセットにならないと、言葉だけ、口先だけで逆効果の場合もあるので注意しましょう。

さらに「**またぜひいただきたいです。**」と付け加えればその料理を気に入ったことを伝えることができます。

コラム

## 最上級の〜しゅうフレーズ

- お目にかかれて、嬉しゅうございました。
- 今日のお茶会は本当に楽しゅうございますね。
- 京都は10年ぶりでずいぶん懐かしゅうございました。
- 花嫁さん、本当に美しゅうございますね。
- 遠くに行かれて、悲しゅうございます。
- そんなことになるなんて、恐ろしゅうございます。
- 人間関係は難しゅうございますね。
- 相変わらず、お忙しゅうございますね。

- このドラマ、面白うございますね。
- 若うございますよ、同い年とは思えません。
- 今日の夕日は、格別赤うございますね。

「形容詞＋ございます」で丁寧に表現する場合、「〜しい」で終わる形容詞は「〜しゅう」、「〜い」で終わる形容詞は「〜う」に変形させて「ございます」とつなげます。

たとえば、「嬉しい」なら「嬉しゅう」、「楽しい」なら「楽しゅう」。「面白い」なら「面白う」、「若い」なら「若う（わこう）」となります。

これに現在形なら「ございます」、過去形なら「ございました」とつなげます。

かなり改まった場面、最上級の目上の方などとお話しする機会にトライしてみましょう。

〔コミュニケーション〕

# お酒をすすめる

飲み会、歓迎会、親睦会、打ち上げなどの飲みニケーション。楽しいお酒の席だからこそ、気持ちをゆるめたフレーズと「きっかけ会話」が重要です。

梅

**どうぞ。**

竹

**まぁまぁ、一杯、グッと。**

松

**一杯いかがですか？**

## 使い分けテクニック

梅は後輩や知人など立場が近い人、もしくは会社関係の気楽な飲み会なら先輩や上司にお酒をすすめたりお酌するときにはいいでしょう。一方で竹は、ビジネスなどの同輩、もしくは後輩など、上の人が下の人にお酒をすすめるときに適しています。松では、会社関係なら上司や先輩、それ以外では目上の方に対して使うフレーズです。このときのポイントは「～いかがですか」と提案するように言うことです。押し付けは印象を悪くしてしまいます。

　どのシーンでも無理にお酒をすすめるのはマナー違反。相手のリアクションを見ながら、お酒が嫌そうな人にはソフトドリンクなどをすすめる配慮が必要です。

コラム

# 印象を悪くしないお酒の断り方

さまざまな場面でふさわしいコミュニケーションにおいては、「否定」「拒否」は相手に大変失礼にあたります。

お酒をすすめられても、何らかの理由で飲めない場合、すすめてくれる相手に失礼のないように断りたいものです。断り上手はコミュニケーション上手。やんわりとNOを伝えていきましょう。

間違っても「**飲めません。**」や「**無理です。**」など一刀両断は厳禁。親しい間柄なら、「**ごめんなさい、飲めないんですよ。**」でOK。「**私、ゲコなんです。**」と言いながら笑って済ますのもいいでしょう。

また、比較的オフィシャルな場なら、「**あいにく不調法なもので。**」をマスターしましょう。

「不調法」には、①行き届かず、手際の悪いこと、②過失・不始末・粗相、③酒や芸事のたしなみがないことの意味があります。へりくだった気持ちを込めて用い、ここでは③の意味で使用します。

ほかに、「**酒は嗜まないもので。**」も大人な断り方ですね。

［お願い・依頼］

# お水がほしいとき

自分のことでも
他人にやってもらわなければ
ならないときがあります。
いかに面倒だなと感じさせることなく
言えるのかがポイントです。

梅

**お水ください。**

竹

**お冷やをください。**

松

**申し訳ありませんが、お冷やをお願いできますか？**

使い分けテクニック

梅はレストランで店員さんにお水を持ってきてほしい場合に使います。ナチュラルトークですが、フレンドリーさが伝わります。竹は、お水のことを意味する「お冷や」という丁寧な言葉を使っています。店員さんに対しては強い態度になりがちですが、このフレーズで、その雰囲気をやわらげられます。素敵なレストランや高級店では雰囲気に合わせて「**お冷をいただけますか。**」と言ってみるのもいいでしょう。松は取引相手や知人宅などの訪問先で使います。訪問先で、自分からお水をお願いするのは失礼ですが、どうしても必要なときに使ってみましょう。「申し訳ありません」というクッション言葉をつけることも忘れずに。

〔お祝い〕

# 誕生日を祝う

誕生日にかけるひと言で、相手には喜んでほしいですよね。伝えたい人それぞれにふさわしいフレーズで祝ってあげましょう。

梅

ハッピーバースデー!!

竹

お誕生日おめでとう!

松

お誕生日、おめでとうございます。

使い分けテクニック

一年に一度の大切な日である誕生日。失礼なフレーズを使ったばかりに、その日を台無しにしてしまっては大変です。

梅と竹は、家族や友人、後輩など近い関係の人に親しみを込めて使いましょう。どちらを使うかは、そのときの雰囲気によって選べばOK。両者の丁寧さや格などはほとんど同じです。

松は、上司や目上の方に使いましょう。その場合、お祝いのフレーズのあとに、健康や成功を願うフレーズを付け加える配慮があれば完璧です。「**今日からの一年、ますますお健やかに過ごされますように。**」や「**ますますのご活躍を祈念しております。**」などがスマートです。

〔コミュニケーション〕

# 話題を変えるとき

話題を変えるとき、注意したいのは、相手の話をさえぎらないこと。失礼のない、配慮したフレーズを使いましょう。

梅

**それでさ~**

竹

**ところで、**

松

**話は変わりますが、**

使い分けテクニック

話題を変えるときのポイントは、相手との会話にワンテンポおいてから切り出すことです。松竹梅、どれの場合も同じことです。

梅は、ごく親しい友人や家族なら通用します。これを職場や目上の人がいるところで使ったらその場でアウト！出直して来いって言われてしまいます。竹は、幅広く使えるフレーズですので、話題を変えるときはこれ、と覚えておくといいでしょう。

松は、最も配慮した言い方です。きわめてオフィシャルな場面や会議などでは、「**次の話題に移ってよろしいですか。**」などと断りもしくは他の人の同意を得たほうがいい場面もあるでしょう。

［注意］

# 飲みすぎをいさめるとき

お酒は目上の人など立場の違う人との距離を近くする上で有益なものですが、飲みすぎはよくありません。相手を不機嫌にさせずに、注意できるようになりましょう。

梅

**飲みすぎだよ……。**

竹

**お体に悪いですよ。**

松

**明日も仕事がありますので、このあたりで……。**

使い分けテクニック

飲みすぎを注意することは、相手ばかりか、周囲の人のためにもなります。酔いすぎてひとりで歩けなくなったら多くの人に迷惑をかけることになりますから。お酒を飲んでいる楽しい時間に水を差したくありませんが、いさめることもひとつの気遣いです。臆せず、このフレーズを使うことで、みんなが気持ち良く翌朝が迎えられるといいですね。

梅は、同期や友達に対しての一般的なフレーズです。このあとにお水を飲むように促しましょう。竹は相手のことを気遣うフレーズ。上司や目上の方に対して使うのが適しています。松は、相手の体のことに加え、仕事についても気遣っている表現です。

［挨拶の表現］

# 先に失礼したいとき

お酒の席でタイミングを見ながら途中で失礼するのは難しいもの。会話や周りの空気を読みつつ、失礼する理由も簡潔に伝えられるようになりましょう。

梅

**先に帰りたいんですけど。**

竹

**お先に失礼しても大丈夫ですか？**

松

**申し訳ありませんが、終電に乗り遅れてしまいますので、お先にに失礼させていただきます。**

## 使い分けテクニック

梅は単に自分の行動予定を話しただけです。参加メンバーが親しい間柄の飲み友達なら大丈夫ですが、初めてのグループや目上の場合は感嘆符と疑問符を与える発言です。竹は梅よりはやや周りへの気遣いを感じますが、聞かれる前にその理由フレーズもプラスした方がスマートですね。

松は、先輩や上司クラスへのフレーズで、「クッション言葉&失礼することと&理由」の3点セットで完璧です。理由は、家族の体調不良で看病、実家から親族が来ているなどで問題ないでしょう。自分自身の趣味のためや都合を理由にすると、飲み会の重要度を下げることになり、メンバーは興ざめ。雰囲気を台無しにするのでご注意を。

コラム

# 上司や先輩が先に帰るとき

上司や先輩が先に帰るときにかけるフレーズとしては「**明日もよろしくお願いします。**」があります。翌日、上司と出かけるとか、上司と一緒に行動する普段とは異なる予定があるときに使ってみましょう。上司に助けてもらった日には「**今日は○○の件、ありがとうございました。**」迷惑をかけた日には「**今日は○○の件、申し訳ありませんでした。**」と言うといいでしょう。

では相手をねぎらう「**ごくろうさま。**」と「**おつかれさま。**」というフレーズ。正しく使っていますか？　本来、目上の方をねぎらうことはNGです。「自分は能力がないから苦労したり疲れたりするけど、能力のある偉い方はその程度のことで苦労したり疲れたりするはずがない」と考えるものだからです。年配の方のなかには「おつかれさま。」「ごくろうさま。」のどちらも目下から言われることを嫌う方がいます。しかし目上の方にかける言葉がないままでは不便なので、最近のビジネスマナーでは「**おつかれさまでした。**」なら目上にも可、となってきました。

〔対応する〕

# 会計をする

たかがお会計トーク、
されどお会計トーク。
こういうときこそ、「素」が出やすいもの。
店側の立場になって気持ち良く
会計をお願いしましょう。

梅

**お会計！**

竹

**チェックしてください。**

松

**お会計をお願いします。**

使い分けテクニック

「終わりよければすべてよし」。美味しい食事、楽しい会話、素晴らしいコミュニケーションのあとには、お会計です。お店の雰囲気、料理、食事の相手などによりますが、ここは「有終の美」を飾って気持ち良く、文字通り明朗会計トークをしたいものです。

赤提灯で男同士、気さくに飲んでいるときは、梅の「お会計！」でもいいかもしれませんが、命令口調はいただけません。店員さんも忙しいので、いくらお客とはいえ、せめて竹の「チェックしてください。」や「**お会計してください。**」、松の「お会計お願いします。」など、少し丁寧なひと言で伝えたいものです。会計に接頭語「お」をつけるのも忘れずに。

応用編 〝会計をするときのフレーズ〟

その一

## おあいそ！

漢字は文字どおり「お愛想」です。よく聞くフレーズで、一般的に使われていますが、実はNG表現！ これをお店の人に使うと何か問題があったのかと感じられる場合があります。その理由は、「おあいそ」とは、店側が代金を頂戴するにはあいそうがなかったのではと、申し訳ない気持ちであったため、お会計のときに「おあいそうなくて失礼いたします。」など詫びながら代金をもらっていたことからお会計の意味を持ってきたといわれています。よって、あなたが店員のときには使うことはあっても、客の場合は使わないほうがいいでしょう。

その二

## 領収書をいただけますか？

領収書をもらう場合のポイントは2点です。「領収書！」と体言止めで命令形にして言わずに、「領収書ください。」や「領収書をお願いします。」と言うこと。そして、宛名を聞かれて、お店の方に会社名の表記など丁寧かつ簡潔に説明、もしくは名刺を渡すのもいいでしょう。たいがいは名刺を返してくれるので、そのほうがスマートかもしれませんね。

その三

## 一人いくらになりますか？

友達では、「**割り勘にしよう。**」と気軽に言うことはできると思いますが、上司や目上の方や、取引先など丁寧に対応する必要があるときには、お会計をお願いするときに、このように言うことで、遠まわしに割り勘であるということを示すといいでしょう。

［お礼］

# ごちそうになったら

おごってもらえるということは、すでにいい印象を持たれている証拠。それが台無しにならないようにきっちりとお礼を伝えましょう。

梅

**ごちそうさま。**

竹

**ごちそうになり、ありがとうございました。**

松

**本日はすっかりごちそうになりまして、ありがとうございました。**

## 使い分けテクニック

梅は一般的な言い方です。ビジネスには不適当ですが、プライベートや家族との食事や友達におごってもらったあとに使います。このフレーズを丁寧にしたものは「**ごちそうさまでした。**」や「**ごちそうさまです。**」です。

竹は先輩クラスに、相手にお金と時間のもてなしを提供してもらった感謝を伝えるシンプルフレーズです。

松は上司などの目上の方にごちそうになったときに使います。「ごちそうさま。」に感謝の言葉を加えることによって丁寧さがパワーアップ。この表現のほかに「**本日は美味しいお料理をごちそうになり、ありがとうございました。**」や「**思わぬ散財をおかけしました。**」という表現も使えます。

ごちそうしたときの気持ちアンケート

# 「ごちそうさま」と言われてどう感じましたか？

・最低限のマナーとして当たり前。（法学部3年）
・せめて言葉でお礼を言うのが礼儀だと思う。（芸術学部4年）
・常識！（社会人3年目）
・気持ちがいい。（法学部2年）
・言われたら嬉しいし、また誘いたくなる。（社会人4年目）
・ごちそうした側も気持ちがいい。（文学部4年）
・女性から言われたとき、品性と誠意を感じた。（社会人1年目）
・謙虚でいい子の印象。また会いたくなった。（社会学部3年）

たとえ、ケーキ1個、紅茶1杯、トースト1枚でも、そしてランチ、高級料理のディナーでも、ごちそうになったら、「ごちそうさま。」のひと言はマストです。そう言われて嬉しくない人はいないでしょう。

しかし、このマストフレーズをもし言わなかった場合、文字通り「お里が知れる」ことになり、相手は二度と誘わない、ごちそうしないことになるでしょう。

それを言わなくても怒られたり、責められたりはしませんが、その社員の上司、学生なら先生、またはその人の両親のしつけや教育を疑ってしまうことになるということも覚えておきましょう。

［確認］

# 忘れ物がないかの確認

どんなに気をつけていても
物を忘れてしまうことがあります。
そんなとき、さりげなく
助けてあげられる人に
なりたいですね。

梅

・忘れ物、大丈夫？
・忘れ物ない？

竹

忘れ物ありませんか？

松

忘れ物は
ございませんでしょうか？

使い分けテクニック

基本的に、忘れ物チェックをすることは自己責任です。しかし、飲食店やサービス業ならば、忘れ物がないか配慮する心遣いは大切です。

梅は自分たちが飲食店やなにかしらの施設内にいたとき、また友人宅にお邪魔していたときなどに使います。朝、家人を見送るときにも使うことがあるでしょう。

竹と松は、飲食店やサービス業の方がお客様に、また会社で同僚や上司が営業などに出かける際に使え、竹よりも松が丁寧な言い方です。「**お忘れ物にお気をつけください。**」とひと言声をかけるのもいいですね。相手に対してだけでなく、言っているあなたも忘れ物がありませんように。

## 応用編 〝忘れ物と落し物〟

その一

### 今日は、雨がもう降らないようですね。

自分の忘れ物点検チェックだけではなく、周囲の人の忘れ物をチェックすると高評価になります。特に傘は忘れやすい物のひとつです。**「傘をお持ちになりましたか？」**と尋ねるのもいいですが、この例文では遠まわしに相手に傘のことについて思い出させることができます。万が一相手の人が忘れていたときには、忘れていることを指摘するのではなくそっと静かに渡すといいでしょう。

その二

### 29日に利用した者ですが、青色の折り畳みの傘は届いていませんか。

忘れ物を問い合わせるときのポイントとしては、その物の特徴をしっかりと相手方に伝えることです。色・形・大きさ・いつごろ忘れたのかを伝えましょう。同様の忘れ物があり、誤った物を受け取るのを防ぐためにも気をつけましょう。

その三

### お忘れ物をなさいませんよう、気をつけてお降りください。

「お忘れ物をいたしませんよう、気をつけてお降りください。」はよく耳にするアナウンスですが、実は誤りです。「いたす」という言葉は「する」の謙譲語で「私がご案内いたしましょうか？」のように、自分の行為に対して使うのが正しい使い方で相手の行為には使いません。「する」の尊敬語は「なさる」ですから、この場合は「お忘れ物をなさいませんよう」が正しいフレーズです。

その四

### こちら落とされましたよ。

街を歩いているとき、前にいた人が物を落とした場合、このフレーズを活用しましょう。後ろから急に大声で話しかけたり、肩をたたく行為は相手を驚かせてしまいます。横からそっと声をかけるといいでしょう。落とした人がはっきりわからないときは**「こちら落とされましたか？」**と尋ねましょう。もし持ち主でない場合でも失礼ではありません。渡すときは押し付けるように渡すのではなく、両手で丁寧に渡せると印象がより良いでしょう。

〔対応する〕

# タクシーに乗ろうと促すとき

親切心も、相手にとってありがた迷惑なときもあります。相手の負担にならないように尋ねたり、促す方法を学びましょう。

梅
・タクシー乗る？
・タクシーで帰る？

竹
・タクシー乗りましょう。
・タクシーに乗りませんか？

松
・タクシー拾いましょうか？
・タクシーを呼びましょうか？

使い分けテクニック

梅のシーンは、友達や家族と一緒のとき。竹は、上司や取引先の人に。特に相手が乗りたそうな雰囲気のときには「乗りましょう。」とすすめてみましょう。どちらかわからないときには、「乗りませんか？」と提案するかたちで尋ねましょう。

松のシーンでは、直接的に尋ねるのではなく用意する必要があるか否かを聞くようにするほうが、相手はより丁寧に感じるでしょう。目上の方と乗るときには、場合にもよりますが、助手席に新人や部下が乗って、行先を伝えるなどのマナーを心がけましょう。また、上司がタクシーに乗り、自分は乗らない場合にはしっかり最後まで見送ることが大切です。

## 応用編〝タクシー〟

その一

### お車が来るまで、こちらで少々お待ちいただけますでしょうか。

上司・取引先の方々と一緒で、タクシーを呼びに行かなくてはならないときに使える表現です。複数人いるときには少し待ってもらい、タクシーを探しに行くほうがいいでしょう。あちらこちらに目上の方々を連れて行くのはよくないからです。

その二

### お車の用意ができました。こちらへどうぞ。

タクシーが来たことを伝えるとき「**タクシーが来ました。**」とそのまま言うのではなく、この例文のように伝えるとカジュアルさが減少され、丁寧な対応のできる人だと感じてもらえます。先に乗ってほしいときは、タクシーに乗り込む前にドアの横にさっと立つことにより、自然に乗ってもらうことができます。

その三

### 本日はありがとうございます。お気をつけてお帰りくださいませ。

上司や目上の方を見送るときにはまず、その日の感謝の気持ちを伝えるのが基本です。たとえば、「**お忙しいなか、お越しいただきありがとうございました。**」と言うのもいいでしょう。その後、笑顔で会釈をしながら例文のフレーズを言うとより好印象を持ってもらい、次回もお会いできるチャンスを得ることができる可能性があります。

［礼儀］

# お通夜にて

葬儀では、不適当な言葉を「忌み言葉」といい、縁起が悪いと昔から使わないようにしてきました。不用意な言葉でご遺族を傷つけることは絶対に避けましょう。

梅

**誠に心残りです。**

竹

**謹んでお悔やみ申し上げます。**

松

**この度は、誠にご愁傷さまでございます。**

### 使い分けテクニック

松竹梅はどの立場の方の葬儀でも使えます。遺族には気持ちをシンプルに伝えましょう。松の「ご愁傷さま」は、気の毒だと思っていること意味します。控えるべき「忌み言葉」も覚えておきましょう。

**①重ね言葉・繰り返し言葉**

たびたび・重ね重ね・しばしば・返す返す・またまた・つくづく・ますます・くれぐれも・わざわざ・引き続き・繰り返し・なおまた・かつまた・続いて・追ってなど。

**②不幸を連想させる音や響き**

四（シ＝死を連想させる）・九（ク＝苦しみを連想させる）など。

**③死を直接意味する言葉**

死亡・死ぬ・自殺・事故死・心中など。

コラム

## 遺族のフレーズ

遺族の方が大変なことは弔問客もよく理解しています。
そんな大変なときでも、遺族のきれいな言葉遣いで、
弔問者の故人に対する印象をさらに良いものにします。
また、故人の大切な友人や
知り合いの方々がいらっしゃるわけですから、
故人のためにも丁重にお迎えしましょう。

その一

**お忙しいところ恐れ入ります。**

弔問に来られた方に、まずは忙しいなか来てくださったことに対して感謝の気持ちを伝えましょう。

その二

- **どうぞお線香をあげてください。**
- **お線香をあげてくだされば主人も喜びます。**

通夜や告別式以外の時間なら、このフレーズで焼香を促します。

その三

**生前は、中村さまのご厚誼、誠にありがとうございました。**

亡くなる前に大変お世話になった方や親しい方には、このように故人に代わりお礼を伝えます。「ご厚誼」とは親しいつきあいのことを意味する言葉です。

その四

**お心遣い、恐れ入ります。**

お線香やお香典をなどを遺族が直接いただいた場合は、このようにお礼を伝えます。

［挨拶の表現］

# お別れの挨拶

次回、会うときにも良い雰囲気で会えるためには、別れの挨拶が重要です。相手にふさわしいフレーズを選んで挨拶しましょう。

梅

**バイバイ！元気でね！**

竹

**さようなら。お元気で。**

松

**失礼いたします。ごきげんよう。**

## 使い分けテクニック

「バイバイ↓さようなら↓失礼します」とだんだんと表現が丁寧になっています。まずこれらの表現を基準に使い分けましょう。「友人↓先輩↓上司や先生」という具合に区分できます。

仕事上では、「**失礼します。**」を使うことをおすすめします。この表現のほうが、梅と竹よりも相手に敬意を表することができるからです。ほかに、仕事仲間には「**おつかれさまでした。**」と言うのもいいでしょう。

「**ありがとうございました。**」に「**本日も大変お世話になりました。**」や「**楽しく過ごさせていただきました。**」とその日の感想などを加えることで、さらに丁寧になり、感謝の気持ちを伝えることができます。

応用編 〝お別れの挨拶〟

その一

## お名残惜しゅうございます。

143ページにすでに出てきていた「〜しゅう」の大和言葉の表現です。また会いたい気持ちを上品に伝えられるフレーズです。ここでは別れるときの例文ですが、それ以外にも何かを惜しむ気持ちを表現するときにも使うことができます。

その二

## 夜は冷え込みますので、お体にお気をつけくださいませ。またお会いできることを心待ちにしております。

別れるとき、ただ単純に**「さようなら。」**と伝えるのみでは相手に好印象を与えることはできません。体調などを気にかけることで、あなたに対して好印象をも持ってもらえるでしょう。

その三

## 長い間誠にお世話になりました。中村部長からのご指導を忘れずにこれからも職務を全うしてまいります。

上司が退職するときに使う表現です。悲しい気持ちを伝えるほか、これからは私に任せて貰って問題ないということを伝えるのも大切です。相手に心配させない心遣いも忘れずに見送りましょう。

その四

## 本日はご足労いただきありがとうございました。お気をつけてお帰りくださいませ。

お客様に来てもらったときに使う表現です。単純に「**ありがとうございました。**」と言うよりも丁寧な表現になり好印象を持ってもらえます。言葉だけではなくしっかりお辞儀をするとさらに良いでしょう。

18:00~24:00

［挨拶の表現］

# 帰宅したとき

自宅だけでなく、会社や実家など、帰る場所はほかにもあります。定番フレーズ以上の、丁寧な言葉遣いが求められる場合もあるでしょう。

梅

……。

竹

ただいま。

松

ただいま帰りました。

## 使い分けテクニック

「ただいま。」の語源には諸説あります。そのひとつに「たらい間」です。昔は履物の関係で足が汚れていました。よって帰宅時に足を洗う必要があったのです。その洗っている時間のことを「たらい間」といい、それが転じて現在の帰宅時の挨拶として定着したということです。

さて、現代の生活に戻ると、梅のように無言はよくありません。せめて、竹のように「ただいま。」とひと言伝えましょう。松は仕事で外出先から帰社したときなど、ONで使うのがいいでしょう。それ以外には、義理の親の家に行ったときなど、「**こんにちは。**」でも問題ありませんが、松だと親しみをより感じてもらえるかもしれません。

チャプター

# Chapter 5

# 休日

［挨拶の表現］

# 知人宅にお邪魔するとき

知人だけでなく、そのご家族や親戚にお会いすることもあるかもしれません。周りの雰囲気や相手を見ながら、言葉だけでなく、立ち居振る舞いもきちんと励行するのが大人のマナーです。

梅

**お邪魔します**

竹

**ごめんください。失礼します。**

松

**お言葉に甘えて失礼いたします。**

使い分けテクニック

英語では「Thank you for inviting me.」（私を招待してくれてありがとう）と感謝を伝え、アポイントもなく突然押し掛けてしまったときは、「I am sorry to disturb you.」（あなたの邪魔をしてしまってすみません）と伝えます。

日本では、梅や竹が一般的なフレーズです。ひとり暮らしの友人宅なら梅でもいいですが、家族と一緒のご実家なら竹がいいでしょう。松は「寄り添う」というニュアンスが出るので、知人のご家族などにも効果テキメン。

最初のひと言は気にされていないようで、実は意外に重要。ちょっとしたことでボロが出ないようにしたいものですね。

応用編 〝訪問時〟

その一

## こんにちは。中村です。

その二

## お足元の悪いなかお越しいただきありがとうございます。

これは、どこかを訪問したときにインターフォンで使えるフレーズです。声のみでしか確認することのできないインターフォンでは、特にはっきりと話すようにしましょう。もし、仕事で個人宅に訪問するような場合には「こんにちは。○○会社の○○△△です。」のようにフルネームに合わせて会社名もしっかり伝えましょう。加えて「**お忙しいなか、失礼いたします。**」と時間をつくってくれたお客様に対して配慮する気持ちも忘れずに。

このフレーズは、訪問者を迎えるときに使います。ただし、これが使えるのは、雨が降るなど悪天候のときだけです。「雨が降っているのに、来てくれてありがとう。」という意味を込めていて、相手への配慮を感じられます。自宅に迎えるとき以外、会社に来る取引先や、何かの会合などで集まってくれた方々に対しても使えます。天気が悪くないときには「**ようこそお越しくださいました。**」がお迎えするときの丁寧なフレーズです。

〔コミュニケーション〕

# 手土産を渡すとき

手土産を渡すときのひと言は、簡単なようで意外に悩んでしまうもの。「つまらないものですが」では本当につまらなそう。歓迎されるフレーズで渡しましょう。

梅

**これ、どうぞ。**

竹

**よろしければ、お納めください。**

松

**お口に合うかどうかわかりませんが、みなさんでお召し上がりください。**

### 使い分けテクニック

知人宅へお邪魔する際は、場合によりますが、手土産を持参するのが、礼儀としてはいいかもしれません。特に、招かれたときは、何かしらをごちそうになりますし、何かお願い事で伺うのならなおさらです。

親しい関係の人をカジュアルに訪問するなら、梅のひと言でいいでしょう。竹と松はもっと丁寧な表現で、〝物〟なら竹、〝食べ物〟なら松。場合によっては、前半と後半を入れ替えて使うこともできます。これに対して、いただいた側は、「**せっかくですので、ありがたく頂戴します。**」でOKです。

ほかに、初対面やこれからお世話になる方には「**ご挨拶の印として、**」が重宝する定番フレーズです。

## 印ばかりのものですが、どうかご家族で召し上がってください。

このフレーズはどの立場にいる方に対しても使える表現です。「印ばかり」の意味合いは「ほんの少しのものですが」ということを遠まわしに伝えています。例文では食品を送るシーンを挙げましたがほかのものにも使うことができます。

## ご笑納いただければ幸いです。

物を送るときに使う表現です。これは上司や目上の方に使います。つまらないものですが受け取ってくださると嬉しいという意味合いが含まれているので、「**つまらないものですが、**」という言葉を使う必要はありません。「つまらないものですが」は、自分を低めて相手を高めようとする気持ちを表します。しかし、最近は、謙遜しすぎるがゆえに、相手に良い印象を与えることができず、「つまらないもの」を受け取ったと思う人もいるので気をつけましょう。

［コミュニケーション］

# お客様に安座をすすめる

相手にくつろいでほしいときは、堅すぎず、かしこまりすぎず、ほど良いソフトなフレーズと心地良いコミュニケーションを心がけましょう。

梅

リラックスしてね。

竹

くつろいでくださいね。

松

ご遠慮なさらず、どうぞ膝をくずして、お楽になさってください。

使い分けテクニック

安座とは、ゆったりと座ること、あぐらをかくこと、またはゆったりくつろぐことを意味します。

「くつろぐ」は「寛ぐ」と書きますが、大きな意味として、まず「仕事や心配事などを忘れて、伸び伸びとする。心身をゆったりと休める。気がねなくのんびりと振る舞う」ことで、もうひとつ「窮屈な服装・姿勢などをやめて、楽なかっこうになる」という意味もあります。

梅も竹も、幅広く使え、フレンドリーな雰囲気を醸し出します。また動作や行動をより具体的に助言、サポートしている松は、相手に対してよりくつろぎやすい雰囲気をつくる親切なフレーズです。

コラム

# 足をくずすときの上級会話術

「膝をくずして」、「おみ足を楽に」などが使えれば会話も上級といえます。

まずは、勘違いしやすい「膝」の使い方を知ってきましょう。膝には、①「もも」と「すね」が続く関節の部分の前面、②「座った状態」の「ももの上側」があります。「膝」が入った慣用句がたくさんありますが、①の意味ばかりではなく、②の「座った状態」で使われていることも多々あるので、ついでに覚えておきましょう。

「膝を打つ」＝「座った状態」で、行う動作。

「膝を進める」＝「座った状態」で、相手に近づくこと。

「膝に荷を置く」＝「座った状態」の膝に、荷物を置くこと。

よく聞く「足をくずして」は、正座して正しい姿勢で「座っている状態」を「くずす」ので、本来なら「膝をくずす」を使用します。

また、「**おみ足を楽にしてください。**」も、正座ではなく、楽な座り方にしていいですよというときにかけるひと言です。〝おみ足〟は漢字で書くと〝お御足〟または〝御御足〟。見てすぐにわかるとおり、足を丁寧に言っている言葉です。このフレーズは、あなたの気遣いとともに上品さを相手に伝えることができ、好印象を与えるでしょう。

さらに「**お平らになさってください。**」も、平たくしてください＝楽にしてくださいという、同様の意味のフレーズです。覚えておくといいですね。

［コミュニケーション］

# トイレを借りたい

外出中の訪問先やお店など、自分の意図しない場面で行きたくなってしまうのがトイレ。急いでいるときでもスマートに場所を聞けるといいですね。

梅

**おトイレはどちらですか？**

竹

**お手洗いをお借りできますでしょうか？**

松

**恐縮ですが、お化粧室をお借りしてもよろしいでしょうか？**

### 使い分けテクニック

梅は、単純に「どこですか？」と聞いていないところがポイントです。「どこ」を「どちら」に変えるだけで丁寧に聞こえます。竹は「トイレ」を「お手洗い」にしているのがポイントです。松ではさらに「お化粧室」と言っていますが、女性におすすめです。男性は「お手洗い」でかまわないでしょう。そして「恐縮ですが、」とはじめに言うことによって申し訳なさを表現。また、「お借りしてもよろしいでしょうか？」と相手方に許可を求める表現になり謙虚さが感じられます。

梅はレストランなどで、竹は訪問先や友人宅のご家族など、松は営業先のオフィスやかしこまった場所などとおさえておきましょう。

［お礼］

# 過日のお礼を言う

前回会ったときのお礼を後日伝えるとき、「今さらながら」というニュアンスもありますが、難しく考えずに、相手の立場になるとシンプルフレーズが浮かんできます。

梅

この前はどうも。

竹

・先日は、ありがとう。
・先日は、ありがとうございました。

松

先日はお世話になり、ありがとうございました。おかげさまで大変助かりました。

使い分けテクニック

梅は実に便利な言葉です。いろいろなお礼や感謝の内容が込められているのに、それが省略され、すべてが伝わるからです。しかし、心がつながるフレーズである反面、仕事やビジネスでは馴れ馴れしさが強調されるので、よほどの親しい関係や状況でない限り、使用しない方が賢明です。

竹は先輩などに使うテッパンフレーズです。松は、上司、役員クラス、取引先、顧客など社内外のキーマン、またプライベートなら恩師など目上の人に発するフレーズになります。この際、会釈、お辞儀、姿勢、視線などにも気を配り、くれぐれも言葉だけにならないようにしましょう。礼儀正しさ、お礼を伝える姿勢も大切です。

［お願い・依頼］

# シャッターを押してほしいとき

最近は、スマホの自撮りが主流ですが、年輩の方や昭和世代の方にとってはその撮り方も難しいかも。カメラの準備を整え、わかりやすくシンプルなフレーズでお願いしましょう。

梅

**写真撮ってくれる？**

竹

**ここ押してもらえますか？**

松

**恐れ入りますが、写真を撮っていただけますか？**

使い分けテクニック

梅は、親しい間柄でお互いに撮り合うような気軽に頼む場合です。

竹と松は、目上の人に頼む場合、もしくは周囲にいるまったくの他人に頼む場合に使いましょう。カメラの操作が複雑だったりしたら、どこを押すかを示す竹がいいかもしれません。撮ってもらう際には、「**横で撮ってくださ い。**」や「**一枚で結構ですので。**」などと伝えて、相手方の手間を取らせないようにする心配りは大切です。また、終わったら「ありがとうございます。」も忘れずに。

旅行先などで撮ってもらった場合には、相手の状況を見て、お返しに「**お撮りしましょうか。**」と尋ねてあげてもいいでしょう。

［注意］

# 無断駐車に対して

最近は、少し注意しただけで暴力を振るわれたり、ケガをしたりすることがあります。注意するときの言葉遣いには十分に気をつけたいものです。

梅

ここに車停めたら邪魔ですよ。

竹

無断駐車は困りますね。

松

こちらの場所は駐車禁止となっております。

使い分けテクニック

故意に駐車しているのか、それとも知らずに駐車しているのかは、相手次第ということもあるでしょう。梅のようなフレーズでは、知らずに駐車している人ならカチンとくるかもしれません。

for meの「怒」（＝自分の怒り）の気持ちをなんとか、for youの「恕」（＝相手の立場や察し思いやる）の気持ちに変換したいものですね。日本はそういう「気持ち」や「思いやり」重視のコミュニケーション文化がありますす。もちろん、ルールありき、マナーありきですが、竹や松のような心を害さない言い回しやフレーズを覚えておくだけで、お互い「得」「徳」をしていくものと心得ておきましょう。

**唐沢明** からさわ　あきら

大学講師、会話コンシェルジュ、ビジネス作家（85冊）。「ビジネス敬語検定」理事。口下手であがり症だった学生時代、相手のWANTとNEEDに合わせた＜会話コミュニケーション術＞で面接試験を突破し、多くの大手マスコミなどに内定。東京書籍、ベネッセ・コーポレーションを経て、現在、明治学院大学、日本大学芸術学部、横浜美術大学、東北医科薬科大学など、のべ全国19大学の就職・面接講座を担当。パッションあふれる講師として人気が高い。また、コミュニケーションアドバイザーとして企業での研修や講演活動も行っている。著書に10万部ベストセラーシリーズ『敬語すらすらBOOK』『敬語これだけBOOK』（成甲書房）、『さすが！と言われる話し方・聞き方のビジネスマナー』（高橋書店）など多数。「職と食のプロフェッショナル」として就職・ビジネスマナーだけでなく、トマト博士、学食研究家として青山学院大学などの学食プロデュースも行い、マルチに活躍中。

唐沢明ホームページ　http://akira-dream.com

## ふさわしい日本語　朝起きてから夜寝るまで


2017年3月25日　初版第一刷発行

著者　唐沢 明

協力スタッフ　江藤直樹、渡邉あみ

参考文献

『誰でも賢くなれる魔法の日本語』唐沢明（トランスワールドジャパン）

『圧倒的好印象を与える“言い換え”ベストフレーズ集』唐沢明（宝島社）

『一目置かれる大和言葉の言いまわし』山岸弘子監修（宝島社）

編集　杉本 多恵

デザイン　ナカガワ ノブヒロ（ナカナカ グラフィック）

イラスト　小幡 彩貴

発行者　佐野裕

発行所　トランスワールドジャパン株式会社

〒150-0001　東京都渋谷区神宮前6-34-15 モンターナビル

TEL　03-5778-8599

FAX　03-5778-8743

印刷所　三松堂株式会社





ISBN978-4-86256-199-2